偏居东南沿海的**福建、广东**拥有独特的文化面貌
泉州和广州自唐代就成为世界闻名的重要港口
中华文化与西方文化在这里悄然交流互通
群山蜿蜒、丛林密布的**云南**，古代滇人的贮贝器上
留下来铸刻着对外贸易的痕迹
像麻辣火锅一样热气腾腾、滋味万千的**四川**
留下了神秘的三星堆文明与金沙文明
如果文明因为神秘而更加引人入胜
那么，文明何妨再神秘一些？

博物馆里的中国历史

唤醒古代沉船

罗米 著

图书在版编目（CIP）数据

博物馆里的中国历史. 唤醒古代沉船 / 罗米著. -- 北京：天天出版社，2020.10
ISBN 978-7-5016-1647-3

Ⅰ.①博… Ⅱ.①罗… Ⅲ.①博物馆—历史文物—中国—少儿读物 Ⅳ.①K87-49

中国版本图书馆CIP数据核字(2020)第179360号

从哪里来，到哪里去？

网上流传着一个段子，说北大校门口站岗的保安是最有思想的人，因为面对每个进校的人，他们都会追问三个问题：你是谁？你从哪里来？你到哪里去？

这其实也是我们人类孜孜以求数千年的终极问题！

回答北大保安的问题不用费力，但想找到这"终极三问"的答案却很难。

不过，当我们走进博物馆，大概会发现自己离答案近了一点。

初进博物馆，站在拙朴恢宏的陶器、青铜器面前，站在巧夺天工的玉器、瓷器面前，站在萧疏简淡的文人书画面前，我们首先感受到的是中华民族的想象力可以达到何等的广度，创造力可以达到何等的高度，思维可以达到何等的深度。国宝、文物、艺术品，它们多么令人震撼、令人敬畏！

　　如果你能放下这样的思想包袱，真正走近它们，与它们对话，你会发现它们比想象的要亲切得多。你看，七千年前的杯盘碗盏，它们的样式和我们今天使用的几乎一样，作用当然也基本相同；三千年前刻铸了主人名字的青铜礼器，与我们今天的"高级定制"何其相似；至于书法和绘画则更让人备感亲切，我们几乎人人都参加过相关的兴趣班，感受过一番笔墨涂抹的乐趣。如果你愿意寻找，还可以发现更多活泼有趣的古今共同点：史前的一只陶壶把上刻着两个点和一条上翘的弧线，这不正是今天电脑上的笑脸符号吗？汉代的百戏陶俑耸肩吐舌，活像表情包……

　　为什么历史会有这样神奇的重现？为什么我们接受它们毫不费力？

因为人同此心啊!

虽然我们与创造它们的祖先隔着千百年的光阴,但血脉相连,思想相通,文明薪火相传。在某一瞬间,我们会因为读懂了古人的心思而莞尔一笑;在某一瞬间,似乎我们体内沉淀的古老记忆被突然唤醒,以至于心跳加速、热血奔涌。

个人的情感体验,就在博物馆中不知不觉得到了丰富和升华,像有一种神秘的力量吸引着你去探索自己的内心,让你变得丰富而有趣,坚定而有力。

这种感觉,如此幸福,令人陶醉。

当然,如果你储备了更多历史文化知识,这种幸福感会来得更加强烈。

每件文物都是政治、经济、科技、文化、艺术在某个时间节点上的交汇与融合,它背后关联的是鲜活的人和具体的事,是绵延的时间和宏阔的空间。我们可以还原这些文物背后的历史场景,理解我们祖先的喜怒哀乐,明白他们一路走来的选择与艰辛,以及他们憧憬要去的地方。

其实，他们就是我们。

我们了解得越多，越能明白我们是谁；我们了解得越多，越能感受到来自文化深处的神秘力量，它让我们内心强大，无所畏惧。

再回到本文开头那个问题，我们是从哪里来的，要到哪里去？相信这一刻，也许你心中已有了答案。

经常出入博物馆，三千里江山在眼前铺陈，五千年文化在心头奔流，耳濡目染与潜移默化中，自然胸怀博大、格局宽广、眼界高远。这样的人，往往内心坚韧、步履从容，所行之路，无论平坦坎坷，必定有星辰大海相伴。

拥有如此灿烂的文明是一个民族何等的幸事，能亲近这些文化遗产，又是何等美好的体验啊！齐白石老人曾说"万物过眼皆为我有"，所以，只需要进入博物馆，去看见，去体验，你便能轻松拥有这一切，世界上还有什么样的财富能比得上这些遗产的万分之一呢？

在写下这套书之前，我就无数次感受过这样的幸福，拥有了数不尽的财富，因为我走过大大小小数百家博物馆，与无数艺术珍品相遇。现在，我想通过这套书，把这些幸福和财富与你分享。

这套书涵盖了中国大部分省份的重要博物馆，介绍每个馆内独具代表性的文物，透过它们，我们可以看到各个地域的独特风情，如中原的庄严、楚地的浪漫、江南的灵秀、大漠的苍凉、岭南的活泼、草原的粗犷……这些文物往往也能代表一个时代生产力发展的极致水平。

在分册安排上，除故宫单列一册，其他省份按地域划片，分为五册。由于文物数量太多，对要介绍的文物实在是很费了一番取舍，基本原则就是尽可能多地覆盖时代、地域、门类、创作者和博物馆，尽可能选择我们更熟悉的文物，尽可能将具有代表性的重点文物讲透，以便读者能从一件文物上了解一类文物，了解当时的历史文化。

这套书是一个引子，引发你的好奇心，让你产生亲眼一见这些历史文物的冲动，并能为你提供一些知识辅助，让你的参观过程更加丰富有趣、收获满满。某一天，当你走进博物馆，与这些作品真正面对面时，你会怦然心动，产生一种久别重逢的熟悉感，那便是我最期待的事。

2020年4月于北京西山

目录

商	三星堆青铜面具	001
商周	金沙太阳神鸟	014
战国	牛虎铜案	023
汉	错金铭文虎节	030
汉	圆雕长袖玉舞人	037
汉	角形玉杯	044
汉	贮贝器	056
汉	制盐画像砖	067
唐	宫乐图	075
五代至宋	山水画"四宝"	087
宋	黄州寒食帖	108
宋	吉州窑木叶碗	125
宋	二我图	135
宋	孩儿枕	143

宋	南海一号	149
元	秋庭婴戏图	161
元	鹊华秋色图	171
元	富春山居图	179
明	斗彩鸡缸杯	193
明	汉宫春晓图	199
清	核舟	209
清	广珐琅	216
清	广州港全景图	225

商

三星堆青铜面具

「平行世界」的奇异文明

历史留给我们许多谜团。想要解开这些谜团，就要找到物证，而最靠谱的物证就是依靠出土遗址，它们就像是钥匙，破解着一把把生锈的巨锁。

但四川广汉的三星堆遗址却完全不同，它倒像是上天抛到世人面前的一把紧锁，至于钥匙，却不见踪影。

这是距今三五千年的文明，与当时中原地区的商代在时间上平行。不过如果不是一个偶然，世人大概不会知道世上曾经存在过这样一个奇异的文明，和同时期的其他文明毫无相似之处，从我们后世的文明中也看不到一点残留的痕迹。

它不知从何而来，又不知去向何方，来得突然，去得决绝。直到有一天，一个偶然的机会。

这是1929年，广汉县的农民和平常一样锄地，不过这一锄头下去，便搅动了历史的尘埃，这个神秘的文明注定要让世人惊诧莫名。

他先是发现了许多玉器，数量不少，有三百多件，这已经宣告此地的不同寻常。

1931年，英国传教士得到消息，于是联合当地驻军保护调查,还把收集到的玉器送到华西大学博物馆保管。

到了1934年,华西大学博物馆成立考古队,广汉县长主持考古,这一次又发掘出土六百余件玉器等文物。

这是相当罕见的考古发现。

不过,随着日寇侵华,考古工作被迫陷于停滞。

我猜,如果文物有灵魂,大概它们会以为看到一线天光,即将来到阳光之下,但没想到又被匆匆掩进了黑暗之中。

想要彻底重见天日,还要继续等待。

一个惊世文明重新面世的经过,确实称得上一波三折,也需要许多铺垫。

新中国成立后,这里又迎来了新的考古队。

谜底在一点点揭开,这里的发现越来越多。考古工作一直持续到二十世纪八十年代,专家们渐渐认定这里可能是传说中商周时期古蜀国的都城。

但是,在这里并没有找到商周文明中最有代表性的青铜器,也没有发现文字记载。与其说这些发现揭开了历史上某个谜团的答案,倒不如说这些发现反而带来了巨大的谜团。

再等等吧。一等又是数年,这里被夷为了平地,建起了砖厂。

1986年,又是一锄头!

一个取土的工人挖出了玉器,地下的文明终于等到了面见世人的机会。

一座地下宝库被打开了。

戴金面罩青铜头像
商
三星堆博物馆

先是一支木芯包黄金的手杖，然后是金、铜、玉、象牙等材质的文物足有四百多件。数天的挖掘之后，人们终于看到了青铜器。

满坑满谷的青铜器！形状怪异、前所未见的青铜器——青铜面具、人像、兽面和青铜树。

商周时代以青铜器闻名，人们早已对各种酒器、水器、兵器、乐器格外熟悉。但这一次，经验完全不管用了，这里没有任何我们熟悉的东西。这是一个全然陌生的文明，一个全然陌生的世界。

我们还是看看它们的样子吧！

那件举世瞩目的青铜立人像通高262厘米，重逾180公斤，被称为铜像之王。

他头戴莲花状的高冠，冠上有兽面的装饰，这样威严的样子应该是当年地位极高的首领或者祭司。他的双手呈管状环抱，据考证手上当时握着的是象牙，这都是表现祭祀的场景。

青铜立人像的造型已经够奇特了，但他的脸更引人探究。

这张脸与真实的人脸五官相距甚远，最突出的特征

(树莓/FOTOE)

青铜立人像
商
四川三星堆博物馆

就是巨大的菱形双目，几乎一直开到了太阳穴；他的嘴紧闭着，唇线一直开到两腮边，显现出一份阴森的诡异。

而这种怪异的相貌，却是整个三星堆出土青铜器人像的"标准像"。

除了青铜立人像，这里出土更多的是大小不一的头像和面具，这些面具体量硕大，形象更是怪异非常。

它们最突出的特点，就是向外鼓突的双目，眼珠快要从眼眶里蹦出来似的，这使我想起神话里的"千里眼"。人像和面具的耳朵也夸张地向外张开，像是两把青铜戈向左右刺开，这或许是"顺风耳"吧。它们的鼻子都相当宽大，鼻翼向内卷，看起来有点像是勾起的云朵。有的面具更加特别，从鼻梁开始向上延伸，竖着一个高耸的奇异物件，有点像古代兵器钩镰。

这样的人面造型本来就够可怕的了，它们的嘴角还总是向上弯着，一直弯到耳朵根，呈现出神秘狞笑的神情。

这些面具显然不是给人戴的，它们太大太重，没人能戴得动。从它们的细节设计上看，要么是在祭祀

三星堆青铜面具
商
中国国家博物馆

的仪式中摆在祭台上，要么便是插在木桩上，之所以造型如此怪异夸张，为的是尽力渲染神异的气氛。

它们是谁？是人？是妖？是神？

据考证，这里曾是古蜀国的领地，它开始于公元前4000年左右。

这里曾出现过几个特别著名的部落首领，像蚕丛、鱼凫等，而三星堆出土的青铜器，据推测恰好与传说中蚕丛领导的时代相吻合。

所以，考古研究认为这面具大约是蚕丛的样貌。

根据古代文献记载，"蜀侯蚕丛,其目纵"，这个"目纵"，显然就成了这个鼓突的圆柱形眼珠的最好解释。

甚至还有学者考证说是因为此地的人们长期缺碘，引起了甲亢，所以蚕丛大概就是得了这个病，眼睛才

纵目面具
商
三星堆博物馆

会鼓出来的。当然,当时的人并不知道这是疾病导致的,反以为这是不同常人的帝王之相,所以在做面具的时候更加夸大了。

虽然这说法听起来有根有据,不过我始终不太相信这是真的。

我倒更愿意相信这面具寄托着古蜀国人们的祈愿。

古蜀国位于现在四川盆地的位置,在地形图上看,位于一片险峻的群山之间,恰只有成都平原小小的一块平坦肥沃之地,仿佛一块天外的宝地,孕育出这样不同寻常的文明。

因为地形封闭险要,当地人们与外界很难交流沟通,所以对外面的世界便更加向往。无奈山高路远蜀道艰险,他们于是只能寄希望能有一双千里眼、一对顺风耳,以及一个极为灵敏的大鼻子和宽阔的嘴巴,用这灵异的感受,来捕捉外面世界微弱的气息。

古蜀国的人必定是敏锐而富于想象力的,要不然,他们也决计不会创造出那样的神树。树高近四米,枝叶披伏而下,上有神鸟挺立,一共九只,大约是传说中还没有出巡天际的太阳金乌了。

树下还有一条神龙,从天空直探下来,夭矫蜿蜒。

这样龙飞凤舞的异境里,也只应由神人来掌控吧!

不过,既然所有的考证和猜测迄今还没有全然定案,所以也就留给我们更大的想象空间。

三星堆的这些物件实在太过奇异,在全世界已经出土的文物中都没有找到"近亲"。于是便有学者认为它们不属于地球文明,而属于另一种文明,那就是外星人。

证据似乎颇为确凿。这个文明来去匆忙又出没无迹,像是天外来客的突然造访,匆匆留下了一些东西便又绝尘而去。这个文明像是一座孤岛,和周遭全无依傍,也无瓜葛。

青铜神树
商
三星堆博物馆

（左冬辰/FOTOE）

如果我们大胆假设三星堆出土的这些形状异样的青铜器是外星人的杰作,那么这样的异样似乎就有了合理的解释。

更加令人产生联想的是,这些出土的青铜器中还有一个青铜的轮状物,中间是五角星的形状,看来看去都和外星飞碟如此相似。

多么重要的物证!

不过,天文学家倒是出来辟谣,说是曾对此物做过

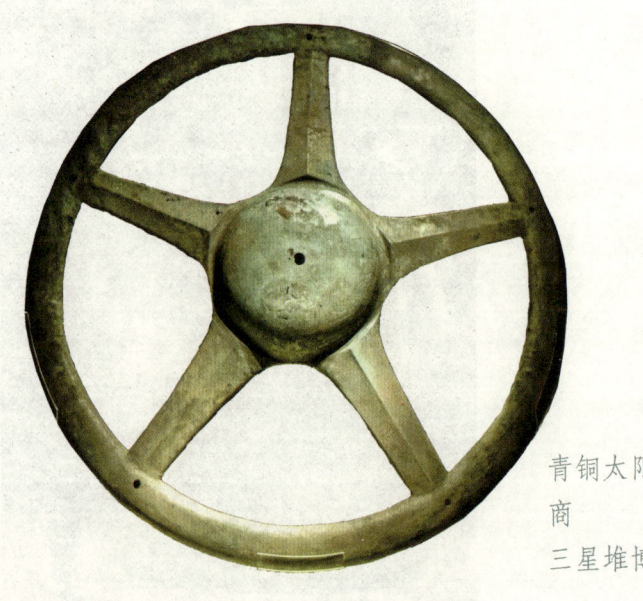

青铜太阳轮
商
三星堆博物馆

研究，这是一种古代的天文测量仪，能够准确测量出太阳高度角、表长和影长，而且用它测量得出的答案跟现代科技测出的结果几乎分毫不差。

就这么一个"轮子"，究竟如何测量出这些神秘的数据，我实在是不能明了。

寻找、发现，猜谜、解谜，这也正是历史带给我们的乐趣。

商周
金沙太阳神鸟

当选为中国文化遗产标志的鸟

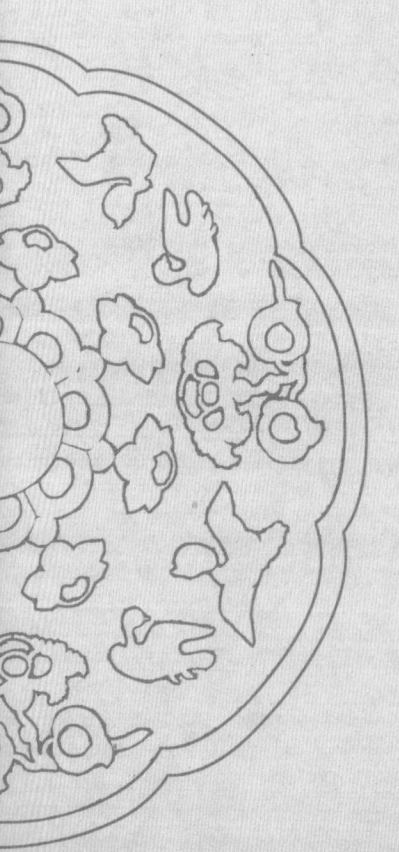

如果你平时在旅游的途中稍加留意，一定会发现一个金色的商标图案，这正是中国文化遗产标志——中间是一个旋涡式的圆圈，放射着锯齿状光芒，外围则有四个神秘图案，仔细看，可以发现这是四只飞鸟，它们首足相接地飞行着，既灵动绚烂又充满神秘感。

这个商标并不是现在的设计师画出来的，它的原型是一件出土文物。

这个充满神秘感的图案究竟是什么来历？上面的图案又有什么样的内涵呢？

迄今为止，这些问题还真没有一个公认的标准答案。不过，大家还是根据它出土的地点和造型给它起了一个不错的名字——金沙太阳神鸟。

这只太阳神鸟金饰出土于四川成都金沙遗址，这是大约公元前十二世纪至公元前七世纪古蜀国文明的遗址。可惜的是，并没有任何关于它的文字记载出土，所以这只太阳神鸟更加详细的身世也一直是个谜。不止如此，就在离它的"出生地"相去不太远的地方，还发现过更加古老神秘的三星堆遗址，于是有人更加天马行空地猜想，成都平原发现的这一系列神秘的图案和造型，或许是天外来客的杰作。

之所以会有这样令人咋舌的猜测，其实是我们现代人大大低估了古人的审美能力和技术水平。如果要把它的各项数据说出来，或许还有更多的人会怀疑它真的不是三千年前古人的作品。

这件太阳神鸟是一片20克重的金箔，并且达到了

金沙太阳神鸟
商周
成都金沙遗址博物馆

大约 95% 的纯度，这本身就是对冶炼技术的考验。它的外径长 12.5 厘米，厚 0.02 厘米，要在这样又薄又轻，吹口气都会飞走的金箔上加工出如此精巧华美的规整图案，即便是现代人运用工具，也相当不容易。所以无论从哪个角度上看，它都绝对担得起中国文化遗产标志这个重任。

无论从哪个方面来看，它都堪称完美了。

也正因为如此，我们也就对它更加好奇。

这个图案大家比较一致的认识是，图案当中那个大旋涡是光芒四射的太阳，它恰好有十二道光芒，所以学者们认为这代表着一年的十二个月；而围绕着太阳的那四只形状神异的鸟，有专家认为这象征四季，它们体现的是"金乌负日"的神话——远古传说中，太阳是由金乌驮在背上巡游天空的；也有人认为它们是太阳神帝俊的四方使者，这些说法的依据都是《山海经》；又有学者根据西南地区常见的纹饰考证它们应该是绕日而飞的鹭。不过，无论这鸟的身份是什么，图案本身都明确地体现出古蜀国人对太阳的崇拜，专家们在这一点上基本达成了共识。

这些鸟儿的诞生地古蜀国还有一个流传更广的神话传说：据说古蜀国的首领望帝杜宇在死后化为啼血的杜鹃，因此古蜀人对于鸟儿又怀有特殊的情感。

这种对太阳和鸟儿特殊的崇拜和感情交织在一起，不仅让这个图案带上了极为复杂的内涵，更产生了一种难以名状的激情和感染力。站在这件小而薄的金器前，即便我们不了解这些神话，只从图案本身来看，也会有一种强烈的感受——当年的设计者在极力渲染太阳的辉煌，夸耀阳光夺目而温暖的光辉。所以，制作者也使用了纯度极高的黄金，这是最接近太阳的色彩了。

你看，灿烂的阳光正从锯齿里向外散射，它穿透了几千年时光，照得博物馆里满堂华彩。

地处成都平原的古蜀国，四周是环抱的群山，常年潮湿多雨、日照稀少，大概正是因此，这里的人们对阳光有一种格外的期盼，于是他们便尽其所能地表现太阳的形象，并以此祈求太阳的拂照。

比金沙遗址年代更久远的三星堆遗址出土了数件高大的青铜神树，其中一棵神树上有一条龙和十只鸟的

金面具
商周
成都金沙遗址博物馆

蛙形金箔
商周
成都金沙遗址博物馆

铜人形器
商周
成都金沙遗址博物馆

铜眼形器
商周
成都金沙遗址博物馆

造型，被认为正是太阳栖息的扶桑树。在神话传说里，人间早已苦于十个太阳，才有了羿射九日的神勇；可古蜀人却偏偏要让十日聚齐于此，或许因为他们对太阳实在是太过渴望吧。

古蜀人如此崇拜太阳，又恰好此地多金矿，于是他们便用了最昂贵最灿烂的黄金来献给太阳。研究表明，这些金箔制品很可能正是祭祀的用品。

无论是三星堆遗址还是金沙遗址，都出土过大量形状各异、种类繁多的金器。金沙遗址出土的金器以金箔和金片为主，数量远超同时期的其他遗址。

唯一有些缺憾的是，这些金片都太过轻薄，所以大多数在出土之时便已经严重变形，像这件太阳神鸟当时便面目全非，只有皱皱巴巴的一小团。

不过，老话说"是金子总要发光的"，这句话用来形容这些金箔的遭遇实在是再合适不过了。虽然它们在漫长的岁月中被泥土包了个严实，但哪怕只在泥土中露出了一点细小的金光，便能瞬间抓住考古人员的目光，于是它们被小心翼翼地清洗、展开——太阳神鸟的神采得以重新绽放，华光照亮了这个沉睡了几千年的遗址。

由于史书上关于古蜀国的记载不多，其中大部分还带有强烈的神话色彩和夸张成分，所以几乎没有什么确切的信史可供我们还原当时文明的盛况，加上这里出土的器物总带着一种全然不同于中原文明的梦幻色彩，古蜀国的性情也就让人更加难以捉摸了。

虽然我们对这个尘封在历史深处的古蜀国所知不多，不过，哪怕只有三星堆遗址和金沙遗址透露出只言片语的秘密，世人也早已对浪漫诡谲的古蜀国文明心驰神往了。

战国

牛虎铜案

丛林里的猎杀静悄悄

地处西南边陲的云南，气候温暖潮湿，植被繁茂，是我国雨林最密集的地区之一。

说到雨林，也许你的脑子里立刻会形成一幅生动的画面：遮天蔽日的树木藤萝里不知藏着什么样的毒虫，浓密的草丛灌木里也不知哪里潜伏着猛兽，它们随时准备向胆敢擅自闯入它们领地的生灵发起致命的一击，潮湿闷热的雾气里全是紧张刺激的味道。

雨林是动物和植物的天堂，也是危机四伏的猎杀现场，在这里，一切生灵都按照弱肉强食的丛林法则生息繁衍。直到有人把这一切表现在了艺术作品当中。

这些艺术品，就是古滇国造型别具一格的青铜器。

云南自古以来被视为"蛮夷之地"，但其实这里是人类文明最早的发祥地之一。在这里，我们发现了170万年前元谋人的遗迹，他们是迄今在中国境内发现的最古老的人类。

过了百万年时光，滇族部落在这里聚集，到了公元前七世纪左右，这里已经形成了国家的雏形，到公元前278年，也就是中原的战国时期，楚国军队到这里想要征服滇人归附楚国。后来这批军人留居下来，在现在的滇池一带建立了滇国。一直到汉武帝时,汉朝军队南下,滇王举国投降,古滇国也就从历史上消失了。

在这短短一百余年的历史当中,滇国却创造了具有浓郁地域和民族特色的青铜器物。其中,表现动物打斗和捕杀场景的作品特别多,常见的有虎噬鹿、狼噬羊、鸟捕蛇、豹子搏野猪等,构思奇巧、造型灵动,在中国青铜器历史中自成体系,风采独绝。

在表现动物捕杀的作品当中,有一件牛虎铜案堪称

二鸟践蛇铜斧
战国
云南省博物馆

个中典范。

　　这件铜案距今两千两百多年的历史,是古滇国人在祭祀时盛放祭品的桌子,长76厘米,高43厘米,重17公斤,仅从尺寸上看它没有什么出奇之处,但古滇国人经过完美的构思设计,便让它具备了撼人的气势。

　　铜案采用了猛虎扑牛的造型。它的主体是一头雄健的水牛,锋利的巨角极具威严,牛的身体是镂空的,牛背被做成了下凹的案面,牛肚子被掏出一个四方形的空腔,其间站着一头小牛,小牛的身体比大牛的腹部略长一点,所以头和尾露在了外面。牛的尾部则趴着一只猛虎,它身体后倾着,显然使出了全身的气力。猛虎的四只利爪牢牢地抓着牛后腿,嘴巴咬住牛尾,眼睛还紧密注视着牛的动向。

　　可想而知大牛此刻是何等痛苦,但它却将小牛牢牢护在身下,一动不动地站着,像是生怕被老虎发现身下的小牛。这是何等惨烈的牺牲,又是何等深沉的爱啊!

　　大牛的温和、小牛的纯真、猛虎的劲健,在这一刻

牛虎铜案 | 027

牛虎铜案
战国
云南省博物馆

(尹楠/FOTOE)

被古滇国人定格，它们之间形成了一种惊人的平衡稳定感，这是器物设计的精妙之处。

由于铜案的最厚重的部分是大牛的头颈，而且牛略低着头，难免让人觉得头重脚轻，尾部的老虎造型恰好呈后倒的趋势，这样就正好达成了平衡，让整个铜案的造型更显得稳定。虎和牛的神情在一静一动间也形成了很好的对应。

虽然这是一幕可怕的猎杀场面，但古滇国人并没有刻意表现血淋淋的搏斗和撕咬，反而显得极为克制，仿佛这是件寻常事。

在猛兽出没的古滇国，这样的场景他们也确实很熟悉，似乎确实不值得大惊小怪。在这种充满原始自然气息的地带，人们对于生死也有着别样的达观，所有生灵都是自然当中的寻常生命，方生方死，方死方生，循环往复，众生平等。

对于古滇国人来说，牛是他们最熟悉的伙伴，又是财富的象征。所以古滇国文物当中，牛是被表现得最多的动物，形象也被塑造得格外生动传神。

而具有王者之风的虎，它的威猛和健美一定给古滇国人带来过极大的震撼。他们敬畏这种力量,也崇拜这种力量,所以虎也成了古滇国人的精神图腾。

也正因为这样的原因,古滇国人才有意把这样两种形象设计在高级的祭器当中。

汉

错金铭文虎节

南越王别具霸气的凭证

如果你参观广州的西汉南越王博物馆，你会发现这里藏着一个别开生面的"动物园"。因为在南越王墓出土的一万多件材质各异的陪葬品当中，动物造型的文物超过两千件，其中既有常见的家禽家畜，也有野生的虎、熊、鸮等猛兽，还有水生的蛙、蛇、龟以及龙、凤等神兽。在所有动物造型的文物当中，一只毛色斑斓绚烂的猛虎则是其中当之无愧的"兽王"。

这是一枚错金铭文虎节。

单看它的造型就已经让人望而生畏了。这一定就是传说当中的吊睛白额猛虎了。虎的头高昂着，嘴巴张得老大，露出尖利的牙齿，睁着溜圆的眼睛直直瞪着前方，显然已经锁定了目标。虎的身体是一副蓄势待发的姿势，前肢匍匐，利爪牢牢抓着地面，后肢用力蹲踞着，把身体拱得高高的，形成了一个饱满的S形，长鞭一样的尾巴也在身后甩成了一个S形。为了将老虎的毛皮表现得更加生动华美，它身上的花纹使用了错金工艺，也就是先在铜器上刻出浅浅的槽，再把金箔贴嵌进去。这些错金花纹呈旋动的柳叶状，在虎身上有节奏地排布着，辉煌闪耀又动感十足，烘托着老虎

错金铭文虎节
西汉
西汉南越王博物馆

唯我独尊的王者霸气。

它确实配得上真正的"王者"——西汉的南越王赵眜。

从虎背上的铭文来看,这是南越王用来调用车马的一种凭信。

在古代,想要调动军队、车马或者传达命令,都需要一些凭信,所以也就产生了节、符等物品。一般来说，符是专用来调兵的，它们也常作虎形，背上刻字标明了调兵的数量、范围等等。现在发现的虎符专家们根据调兵之地不同，将其命名为"阳陵虎符""杜虎符"等等。

虎符作为重要的调兵凭证，在设计的时候被一剖为两半，君王手上留着一半，军队统帅带着一半，到了要调兵打仗的时候，君王就会把手中的这一半交给统帅，两半虎符如果合在一起恰好对得上，这就是"验证通过"了，统帅才能真正调动军队，这也正是"符合"这个词最初的含义。

一国当中以军事最为重大，所以对兵符的管理是极为严格的，后来调兵不仅要凭符，还要凭诏书。符的形状也有多种，还出现了鱼、兔、龟等造型，当然就不如虎符那样霸气了。

节的使用范围就要广得多，规定也不像兵符这样严格。从这件南越王墓出土的虎节铭文上便可以看到，虎节上的铭文既没有被一分为二作为验证之用，也不像虎符上有明确注明右半边在谁之手，左半边在谁之手。到底不是用来调兵的，也就不必那么谨小慎微了吧。

节使用的时代极早。《周礼》中便有关于节的形状、使用范围等说明。早期的节按材质分为玉质、铜质和竹质三类，分别用在不同的场合。

玉节是瑞节，主要是古代的诸侯朝见天子时的所执之物。根据诸侯官员等不同的等级，节的形状会各不相同。铜节多作为使节，不同地区的使节形状也有区别，根据《周礼·地官·掌节》里面所说，"山国用虎节，土国用人节，泽国用龙节……"龙腾于水中，虎啸于山林，古人在运用这些动物的时候

黄慎《苏武牧羊》
清
中国美术馆

也充分考虑了它们的特性,实在是很周到。竹节则主要作为出入门关的凭证。

从秦汉开始,节更多地被作为使节,并且逐渐成为君权的标志。

秦汉时代的使节发展出一种特殊的形制——长达数尺的竹竿上张挂着三团由牦牛尾制成的节旄。汉代最著名的使节苏武被匈奴扣留,无论匈奴如何威逼利诱,苏武宁死不肯舍节。待苏武被迎回汉朝的时候,早已须发皆白,而那一根陪伴他在冰天雪地里熬过了十九年的节杖也只剩下了光秃秃的竹竿。后世人们在表现苏武时,也必定会把他塑造为手持节杖的形象。

苏武用生命捍卫的节杖,象征着他个人的气节,也象征着大汉王朝的尊严。气节、节操一类的词当中所包含的美好意义,恰源于此。

苏武的故事历代传颂,用以激励人们的爱国情怀,尤其在中华民族面临外敌入侵的生死关头。二十世纪三十年代,一首曲调沉郁雄浑、慷慨悲壮的歌曲《苏武牧羊》,广为传唱:

苏武留胡节不辱,雪地又冰天,穷愁十九年,渴饮雪,饥吞毡,牧羊北海边。心存汉社稷,旄落犹未还。历尽难中难,心如铁石坚,夜在塞上时听笳声,入耳痛心酸……

汉 圆雕长袖玉舞人

长袖善舞影婆娑的汉代广场舞

佩玉在中国历史上发源的年代极为久远。早在新石器时代的墓葬中就发现了数量极大的玉佩饰。春秋战国时期，流行由多种形式的玉器组合成套的大型组佩，很受当时贵族们的欢迎。这种组佩由玉璜、玉珩、玉冲牙、玛瑙珠、玉管等玉件穿系而成，最末端还常常坠有动物形的玉佩，比如龙、鱼、鸟等。

战国时期，一种造型更婀娜、更接地气的玉舞人佩开始出现在组佩中，并且很快蔚然成风，到了汉代，成为最具有典型性的玉佩形式，这就是玉舞人。

玉舞人的形象在汉代极为流行，并且无论出土于何处，玉舞人的形象都很接近，一律是身姿窈窕、长袖善舞、杨柳当风。

这些舞人的姿态通常是一手高举过顶，广袖飘飞，在头顶形成一道彩虹般的弧线一直连到腰部；另一手则甩向身侧，低垂的袖口阔大华美，在裙裾处分为两股向上翻卷，如春云出岫，仙气飘飘。

这种舞便是著名的长袖舞，其特点就是"翘袖折腰"。

这种细腰柔曼的舞姿据考证源于楚文化，"楚王好细腰"便是证据。

　　不仅如此，楚人浪漫多情，加上楚地又特别流行巫鬼之说，所以这里的舞蹈除了审美和娱乐的需要，还隐隐包含着一丝巫术的气息，舞姿便带着别样的妖娆、飘逸和神秘、华美。

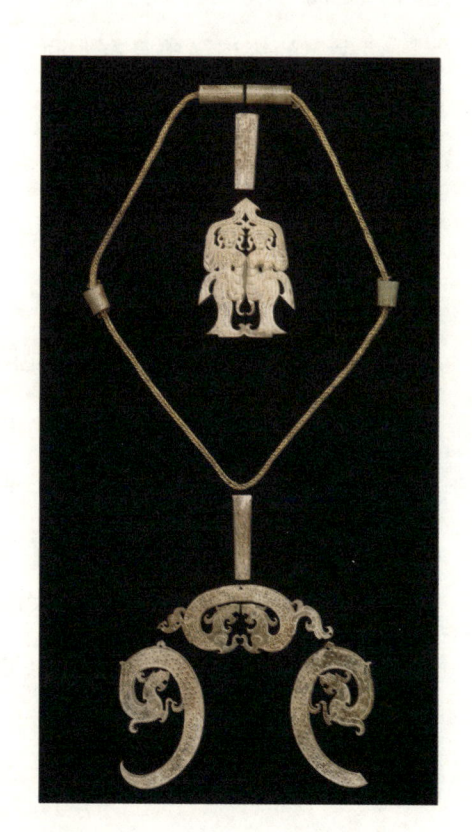

玉舞人组佩
汉
美国弗利尔美术馆

楚国的文人宋玉在他的《舞赋》中便有诗句描绘："罗衣从风，长袖交横。绰约闲靡，机迅体轻。"

到了汉代，长袖舞更加流行，上至宫廷贵族，下到平民百姓，都为之倾倒，其中翘楚当属汉高祖刘邦的宠姬戚夫人。戚夫人"善为翘袖折腰之舞，歌出塞入塞望归之曲"，令观者如醉如痴。

戚夫人的舞姿一定具有非同一般的魔力，才导致高祖迷恋不已，甚至想要废了嫡长子刘盈的太子之位，而立戚夫人的儿子如意为太子。

可惜歌舞在政治面前不堪一击，柔媚善舞的戚夫人终不敌老辣心毒的吕后，成了历史上著名的悲剧。

还有汉武帝的爱姬李夫人，她除了"一顾倾人城，再顾倾人国"的美貌在历史上留下千古令名，也十分善舞，可想这折腰回眸的顾盼之间，是何等的风情啊！

可惜的是，我们现在无法分辨这些玉舞人的形象是来自戚夫人或者李夫人，当然，这也并不要紧，即使是不知名的舞姬，她们的曼妙形象也足以令我们陶醉。

在充满想象力的汉代人手里，长袖舞被发挥到了极致，不仅有独舞，还有二人对舞，对舞又分女子对舞、

圆雕长袖玉舞人
西汉
西汉南越王博物馆

男子对舞，还有男女对舞。此外还有多人群舞，群舞可以在殿堂、庭院乃至广场表演，称得上是汉代的广场舞了！

画面太美，让人浮想联翩。

不过，玉舞人顶多是成对出现，至于广场舞，则需要去画像石上寻找。

玉舞人作为玉组佩中的一个部件，大多是片雕式的，像是剪纸一样，并且为了佩戴方便，形状也极为一致，虽然轻灵飘逸，但万般风情难以尽诉。

南越王墓出土的一件玉舞人是个例外，这是一件圆雕作品，我们才得以360度欣赏这玉舞人的绰约袅娜。

她梳着偏髻跪坐在地上，柔若无骨的身体扭动到了极致；一手绕到头后，袖子一直拖垂到地面，轻轻摆荡；另一只手顺势挥出长袖，宽大华丽的袖口在末端上扬，像是带着风。

舞人的身体、手臂、长袖造型都呈S形，行云流水，一唱三叹，回环往复，绵延不绝。

更令人惊叹的是这样袅娜的身形，这样灵动的舞姿，竟然是在一块高3.5厘米的玉上完成的。

玉舞人从汉初就开始流行,到了汉代中晚期以后更是从组佩中独立出来,单独成佩,但汉代以后,就几乎绝迹了。

汉代中期又开始出现一种以男性为主角的玉佩,这就是玉翁仲。当然,作为男性,翁仲不负责歌舞升平,他的主要任务则是辟邪消灾。

角形玉杯

汉

用这样的酒杯，酒会更好喝吗？

南越王墓出土的珍品极多，无论是器物的材质、造型还是制作技艺，都是汉代艺术品中的佼佼者。可以想见，它们的主人南越王一定是个爱好风雅、生活奢侈的一方诸侯。

而且，南越王应该特别喜欢喝酒，不仅因为他的墓中出土的酒器数量众多，更因为他有一只酒杯，实在是独一无二。

这是一只由整块青白玉雕成的酒杯，它并不是普通杯子四平八稳的样子，而是杯口大、杯底小，像是一只角，所以被称为"角杯"。杯子的外壁上攀着一条龙，自杯口盘旋而下；龙头部分是浅浮雕工艺，越接近杯底它的身体则越有立体感；龙的尾巴与杯体之间被凿空形成底座，仿佛它正从杯壁上腾跃而出。

杯口上有两道残损的裂纹，应该是使用过程当中磕碰所致，足以看出南越王对它的喜爱和使用的频繁，即使并不完好，南越王也执意把它带进了自己的墓里。出土之时，它被包裹在丝绢中放在棺椁的头箱里，更可见南越王对它的珍视了。

这样的角形玉杯在汉代确实太罕见，称得上绝无

角形玉杯
西汉
广州西汉南越王博物馆

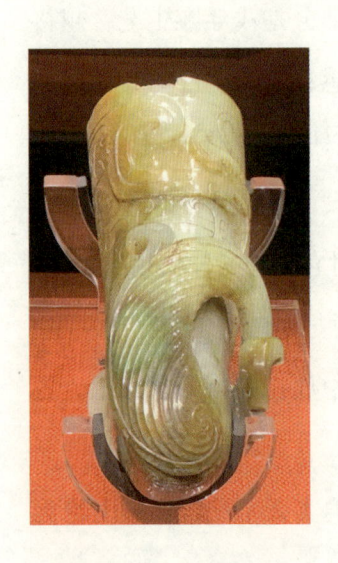

从底部可以看到杯口明显的缺口和翻腾而起的龙尾。

仅有。

角杯的造型模仿的是犀牛的角，这种角杯在新石器时代就有陶制的，后来的青铜器当中也有一种依照犀牛角造型的酒杯，名为"觥"。我们有个词形容酒宴上的热闹场景，叫作"觥筹交错"。

而用玉来模仿犀牛角制成酒杯就极少见了，在此之前还没有实物出土。古代人们之所以喜欢模仿犀牛角的样式来制作酒杯，是因为在传说当中犀角有种种"灵力"，比如可以镇妖、分水，尤其还具有解毒的"灵力"。

不仅如此，古人认为犀牛角剖开后可以看到有一条白线贯通角的首尾，它使得犀牛的感应极为灵敏，这就是所谓的"灵犀"了。总之不论是灵力还是灵犀，对于南越王来说都是多多益善的。

在汉代出土的文物中，犀牛造型的器物并不少见。中国国家博物馆就收藏有一尊错金银云纹铜犀尊，造型生动传神，说明当时的工匠对它的样子是相当熟悉的。到了后来，由于古人贪求它的角和皮，犀牛被猎杀过度，加之自然环境的变化，犀牛在我国境内也就

错金银云纹青铜犀尊
西汉
中国国家博物馆

逐渐消失灭绝了。甚至从唐代开始,艺术作品当中犀牛的造型已经不知所踪了。

在我国已经出土的历代酒杯当中,还有一些与这件南越王角形玉杯极为相似,比如在唐代就有镶金兽首玛瑙杯、三彩龙首角杯等。不过,它们的原型是来自地中海文明的"来通杯"。这种样式出现在我们的器物中,体现的是一种异域风情和中西方文化交流与共融

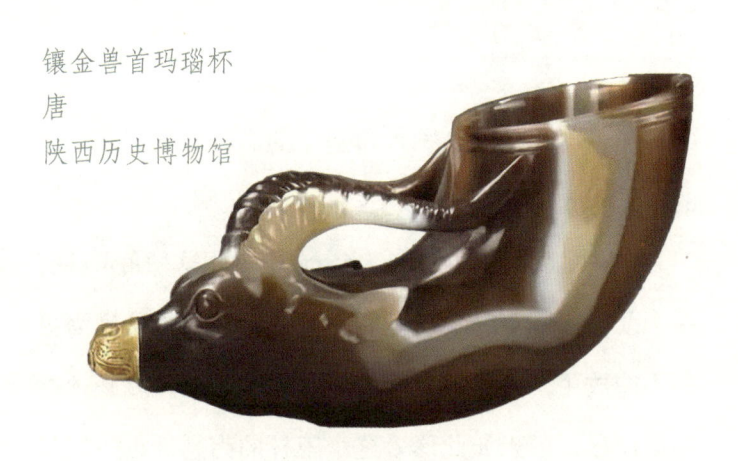

镶金兽首玛瑙杯
唐
陕西历史博物馆

陶制来通杯
古希腊（约公元前350年—
前300年）
纽约大都会艺术博物馆

的历史，而西汉的这种犀角造型的酒杯却是完完全全的本土创造。

如果你观察得再深入一点，就会发现这种角形杯有一个要命的弱点，那就是它很难放稳，如果装满酒更是不能放手。这也就意味着一旦它装了酒，就必须被一饮而尽，可想如此珍爱这个玉杯的南越王也一定是个嗜酒之人。

还好当时的酒度数低，要不然这一杯酒下肚他大概就会醉倒在地了。

从汉代诸侯王墓葬出土的文物来看，这些贵族的生活都是极尽奢侈的，所以陪葬品中金、玉等贵重物品特别多。当然，其中规格最高的葬玉就是玉衣。玉衣敛尸在汉代是最高的荣耀。

这种隆重的玉葬器，竟然在这个偏居岭南的诸侯王墓中也有出土，可见当时的皇帝对南越国的厚待。这件玉衣也是我国考古发现的第一件完整的玉衣。

不过，比起我们熟悉的满城汉墓出土的中山王刘胜的金缕玉衣，南越王身上的这件玉衣有点不伦不类。

汉代的玉衣按等级分为金缕、银缕、铜缕，但南越

丝缕玉衣
西汉
广州西汉南越王博物馆

王的这件玉衣出土之时却已散成玉片,并没有看到金属线穿连的痕迹。据考证,它是用丝线穿起来的,所以专家称之为"丝缕玉衣"。

专家在认真检查这套玉衣的玉片时,发现头套、双手和双脚部的玉片加工比较均匀细致,而身体和四肢部分的玉片则比较粗糙,有些明显是从其他破碎的玉器上截取拼凑的。究其原因,由于岭南地区并不产玉,所以要制作这样一件玉衣也就比较勉强。

根据这种尴尬的情况,专家们猜测,当时南越国和汉朝中央的关系当中,似乎存在一些难以明言的隔阂。

这与南越国的历史有关。

公元前 207 年，秦朝的南海尉赵佗乘着秦末大乱，派兵袭击了桂林、象郡，割据岭南自立为王。汉朝建立后，赵佗臣服于汉，汉高祖于是册立赵佗为南越王，并给予丰厚的赏赐。赵佗就是第一代南越王。

刘邦驾崩后吕后专权，南越国与汉朝关系迅速恶化。吕后诏令禁止南越国和汉朝进行铁器交易，这实际上就是想要断绝南越国制造兵器的来源。赵佗于是发兵攻打长沙郡，并自尊为帝，与汉王朝分庭抗礼。到了汉文帝、汉景帝时代，汉朝采取怀柔政策，与南越国修好关系。但毕竟经过一次反叛，汉朝便对这个异姓诸侯国怀有了强烈的戒心，所以这件丝缕玉衣也被认为是汉朝对南越国态度的微妙体现。

有专家经过考证认为，南越王玉衣的头套、手、脚部位是汉朝赐给南越国的，以示对其的重视；而玉衣身体和四肢部分那些不甚规则的玉片则是南越王自行制作，以彰显自己的尊贵地位。

要说起来，这多多少少已经算是僭越的行为了，也就是一种越制违礼，不把皇帝放在眼里的行为。

南越王墓葬中出土的一枚金印，则把南越王赵昧的不臣之心一展无遗。

这枚金印堂而皇之地刻着"文帝行玺",这个"文帝"是赵昧自称,"玺"是只有皇帝和皇后可以使用的印信,作为诸侯王的赵昧,他自己的印信只能称为"印"。不仅如此,这枚金印的材质、形状、尺寸等等,都不合规矩。它的材质是含金量达98%的纯金,印纽是盘成S形的游龙,印面约为3厘米见方,既打破了秦汉时期天子之玺以白玉为材料、以螭虎为印纽的规制,在尺寸上也是现今出土的汉代最大一枚金印。

可见这并不是汉朝中央政权授予南越王的印信,而是他自行刻制的。

这枚金印出土时置于墓主人胸部的位置,从印面

"文帝行玺"金印
西汉
广州西汉南越王博物馆

和印台四壁来看，都有使用过的痕迹。所以这枚印并不是专门用于墓葬，而是南越王在生前就经常使用的，也就是说，他在生前就早已经彰明了自己的"狼子野心"。

这个位居岭南的地方诸侯之所以如此大胆，一来自然是因为山高皇帝远，二来他也确实有实力，且不说兵力如何，单看他的随葬品，我们对南越国的实力倒也可以略感一二了。

这是南越国第二代王赵眜的墓葬，他的统治时期约在公元前137年至公元前122年。此时汉武帝即位不太久，南越王还能做着他的美梦，等到他离世十年之后，也就是公元前112年夏季，汉武帝出动十万大军征讨南越国，在当年冬季就消灭了这个曾经存在了九十三年的地方政权。

对于汉朝来说，这个离心离德的南越政权是心腹之患，必一除而后快；但放在更加广阔的历史中来看，南越国治理岭南的近百年里，中原文化被不断引入南越之地，汉越民族的融合更加广泛深入，岭南一带的经济和文化都得到了极为可观的发展。

历史和文化总是抽象的，但一件一件的器物却如此具体、如此生动，正是有了它们，这些遥远的、抽象的、复杂的历史细节才变得可观、可触、可感，我们也才可以在这半丝半缕、一涓一滴的缝隙当中，去探究隐藏在历史深处的那些鲜活的人和事。

贮贝器

汉

让小偷不敢靠近的存钱罐

这是在西汉时期的古滇国比较盛行的器物，一看就带着西南边陲强烈的民族和地域风格。

在艺术史上，按材质它们被归为青铜器，按艺术门类它们被归入雕塑，其构思之巧工艺之精，确实代表了汉代青铜雕塑的极高水准。

只不过因为外表太过抢眼，人们很容易忘记它的真实身份。掩藏在花哨外表之下的，其实是一颗富豪的内心。

它就是贮贝器。

贮贝器也就是存钱罐，只不过它们是古滇国人特有的存钱罐。

古滇国建立于战国时期，到了西汉武帝时期，古滇国归降，国虽然不在了，但风俗却一直保持了下来。这些存钱罐就是古滇国人喜爱的"特产"，到了西汉时期仍然在不断铸造。

因为肚子里的东西珍贵，所以贮贝器的外形自然不能寒酸，于是古滇国人想办法对它进行了隆重的装饰。

说隆重一点也不夸张，因为装饰的主题都称得上是大场面、大气魄。

　　装饰主题大致可以分为两大类，一类是动物题材的，主要是牛和虎的生猛造型；一类是表现古滇国人生活的，无论是劳作、祭祀还是战争，无不是部众云集的热闹盛会。这些青铜雕饰在器盖上铺陈开来，让直径不过 30 厘米的盖子成了一个小型的剧场。

七牛虎耳青铜贮贝器
西汉
云南省博物馆

云南省博物馆收藏的很多贮贝器上都塑造着牛的形象，它们算得上是汉代最具神采的牛。

牛的数量不等，有三头、五头、七头等等，基本上都是居中的一头最雄健，并且站得最高，大有首领的风采，旁边的牛则是它的随从。

我并不太识得牛的种类，据专家考证它们都是黄牛，体形壮硕，尤其是那对长而上翘的巨角显出凌厉的气势，威严不容侵犯。

还有几头牛的角要小得多，并且向下弯曲，一下子就显出牛的温顺来，据说这是由西北传入古滇国的品种。

居中的牛首领体形最大，昂着头、微张着嘴，傲然挺立，颈项上的肉峰高高突起，既显得雄健威武，又带着一丝首领特有的警惕，以防猛兽来犯。

不警惕不行啊，两只虎已经悄悄靠近了，它们就在贮贝器腰部两侧，身体尽量匍匐下来，目光却紧盯着上面的一顿"大餐"，一副蓄势待发的样子。

虽然牛群看似危机重重，但牛首领一派王者之气，倒显得两只虎像是处于弱势。如此看来，我们也不必为牛群忧心，真的打起来，谁胜谁负还真不好说。云南省博物馆中最华丽的是一座青铜四牛鎏金骑士贮贝器，四头健硕的牛围着中间的骑士，骑士全身鎏金，在牛群的簇拥之下闪闪发光，这或许是"火牛阵"的统帅吧？

以表现生活场景作为主题的贮贝器上铸刻的内容就更加复杂了，甚至一眼很难看出所以然来。

场面稍小一点的有纺织场景的贮贝器，即使如此，在直径不到25厘米的器盖上便已经分布了十八位女性。虽然人高不过寸许，但她们的身份和分工十分明确，其中监工是上层社会的女子，而周围一圈正在织布的则是奴隶。

还有表现战争场景的，十多个人物已经显现出战场上千军万马的气势来。骑马的是统帅，士兵围在四周，面朝中心，他的军队盔甲整齐，显然占了上风；敌人则丢盔弃甲，显得不堪一击，有些已经躺倒在地上死去，还有的被士兵踩在脚下根本无还手之力。

可能古滇国人通过这样的场景记录自己的某一次辉煌的胜利吧。

青铜四牛鎏金骑
士贮贝器
西汉
云南省博物馆

最血腥的是杀人祭柱场面的贮贝器,被杀者处于正中心,周围是拿着各种武器击杀他的人,这其实也是一种祭礼,只不过祭品成了人。

这些场景虽然纷繁复杂,但人物造型却极为形象准确,仅从装束上便可以清晰区分出他们来自不同部落甚至不同地区。

古滇国人一般穿着短裙,头上梳髻,但那个贮贝器盖上却还可以看见编发的人,甚至还有穿长裤的,这就清晰地显现出他们的不同身份。

最让人眼花缭乱的是收藏在中国国家博物馆的一座诅盟场面的贮贝器。

上面立体人物便有127人,还有一座大型的建筑。

诅盟是盛行于古滇国的一种典礼。在遇到大事时,古滇国人便会设祭坛举行诅盟大典。难怪场面如此盛大。

主祭人坐在建筑正中,在整个场景中所居的位置最高,他的四周放着十六面铜鼓,这也是西南边陲之地独特的样式。屋的两侧有牛、马、猪、羊等动物,有裸体的男子和拿着器物的妇女在一边忙碌,正准备宰杀它们做祭品。

杀人祭柱铜贮贝器，西汉，云南省博物馆

战争场面叠鼓贮贝器盖，西汉，云南省博物馆

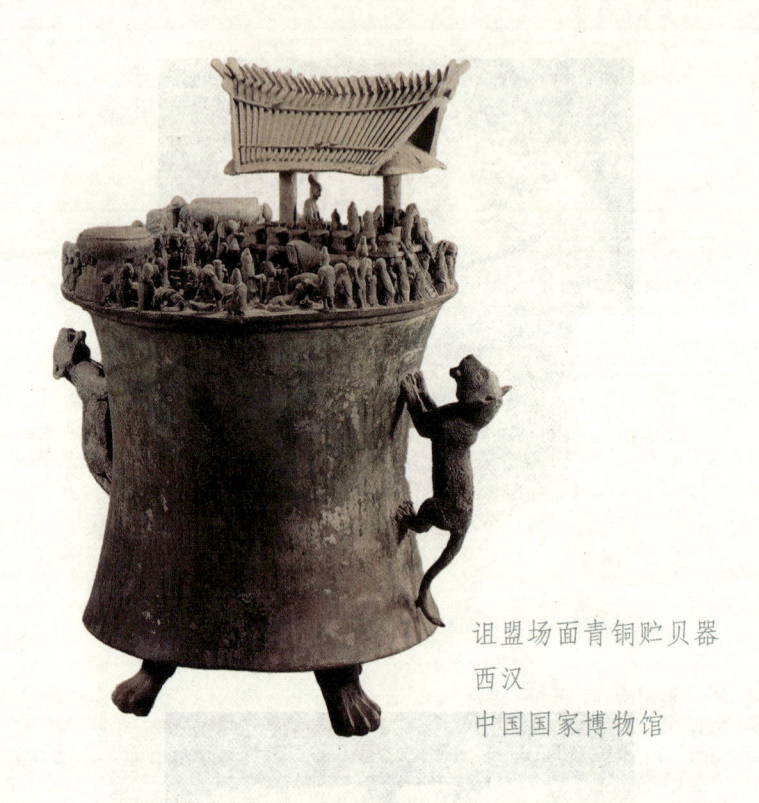

诅盟场面青铜贮贝器
西汉
中国国家博物馆

室外还有两面比人还要高得多的巨大铜鼓，让我似乎听到了祭典上发出的震天响声。

还有贡纳场面贮贝器，这是表现四方宾服的部落扛着各种物品，牵着牛马来向古滇王纳贡的场景。

据记载，古时滇西地区也会偶有印度（身毒）人和缅甸（僄越）人侨居于此，所以这些不同种族、民族的人群也都被准确地表现在了贮贝器上。

真让人想不到，小小的存钱罐竟然蕴藏着一段中外交通的生动历史。

看到这里，不得不佩服古滇国人的心思细腻了。

不知你有没有产生一个疑问，为什么它叫贮贝器呢？

这些贮贝器大多是西汉时铸造的青铜器，西汉时使用的钱币是铜钱，难道古滇国人这么落后，完全不知道与时俱进，还在使用古老的贝币吗？

古滇国人确实在使用贝币，但这不仅不落伍，甚至还相当先进，因为这些贝币是专门用来进行外贸交易的。

在战国后期，古滇国便开通了经缅甸到印度的商路，后来汉代张骞出使西域，丝绸之路慢慢打通，这

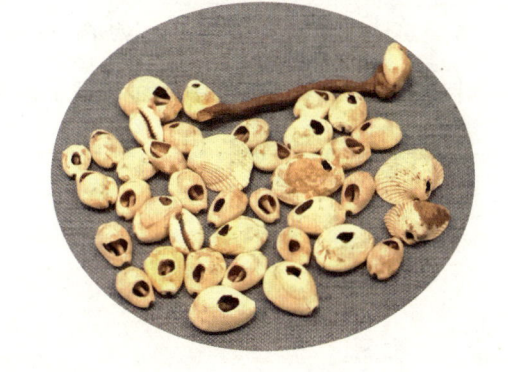

贝币
西周早期
首都博物馆

条商道更加繁荣、更加重要。商道的末端延伸到现在的巴基斯坦境内，后来又向西方与北方的丝绸之路会合，此后直至清代仍然商旅不绝。

还有一条向南的路，则是从云南到达越南，再向东南亚等地行进，同样也是用来进行货物交通的道路。

这正是古滇国人的外贸之路。

进行外贸活动，需要大家认可的通行货币。产自南亚和东南亚一带的海贝便成为这条商路沿线国家公认的"通用货币"了，所以说这些贝币并不是古滇国人用于本国日常生活流通的货币，而是他们进行外贸交易的"外汇"。

原来如此！外汇还是很难得的，所以古滇国人便要铸造这样精美的存钱罐贮藏它们！

这些贮贝器大小不一，按所贮贝壳的重量有一斤至十数斤的，出土时大部分都装满了海贝，几乎就是个微型的外汇管理局了。

汉

制盐画像砖

好一部热闹的劳动连环画

盐是维系人体生命机能必不可少的物质，早在传说中的炎黄时代，我们的祖先就意识到了这一点，并且发明了煮海水以获得盐的方法。

不过，古代制盐的方法很原始，不仅费时间费燃料，而且产量很少，所以价格也就格外昂贵。正因为盐必不可少，盐业又获利丰厚，所以在古代它便成为关乎国家税收和社会稳定的大事。历代王室都制定了专门的法律，确保盐的国家专卖权，尤其到了汉代，对民间生产和贩卖私盐的禁令更加严格。不夸张地说，盐政甚至直接关乎一个王朝的兴衰，因为盐税一直是国家税收的重要组成部分，在某些极端时代，它甚至占到当时国家税收的一半。如此丰厚的回报，足以让人铤而走险，因此历代私盐贩卖都屡禁不止，还有一些历史上著名的起义军领袖，也都是私盐贩子出身，比如唐末的黄巢、元末的张士诚等等。

为了获得重要的"生命之盐"，古代的劳动人民不断极力寻觅，并且慢慢完善了一套开采、制作食盐的工艺。

盐的来源很广，有海盐、湖盐、矿盐、土盐等等，真可谓是靠山吃山，靠水吃水。四川地区主要出产的是井盐。

四川一带的盐资源很丰富，在没有摸索出制备井盐的技术之前，当地人们是从含盐量高的泥土和矿泉当中取盐，所采用的方法是最原始的煮制，这几乎不需要什么高明的技术。不过，大量的蕴藏在岩层深处的盐卤却无法得到开采。

从战国时期开始，由于大批移民进入四川，尤其是秦灭六国后许多贵族豪富、商人工匠等大量拥入，他们把中原的凿井技术带到这里，开采盐卤才成为可能。

有了可靠的技术，有了充足的人力，井盐的咸味已经呼之欲出了。

时间来到秦朝，蜀地的百姓迎来了一位伟大的带头人，他正是李冰。秦朝在此设立蜀郡，李冰被任命为郡首。这位深悉天文、明察地理的工程专家在此地主持兴建了都江堰，灌溉出了丰饶的成都平原，创造了不世奇功。他还以非同寻常的实干精神探索这块物华天宝的沃土，组织当地人民开凿出了我国第一口盐井，这同样是一项惊人的壮举。

盐场画像砖
东汉
中国国家博物馆

观伎画像砖
东汉
中国国家博物馆

在蜀郡，一口口盐井被开凿，一口口圆灶被搭建，取卤、熬卤、去渣、结晶，在终年不熄的赤热炉火上，盐卤翻滚沸腾着，水汽蒸腾，食盐结晶，这一颗颗洁白晶莹的颗粒，逐渐凝结出了膏腴千里的天府之国。

四川偏居西南，社会相对稳定，受战乱的影响相对较小，加上生活富庶，人口因此不断增长；人口的增长又催生出技术的革新，并带来生产力的提升和经济的繁荣。在这些互为因果的条件影响之下，盐业成为四川重要的经济支柱，井盐的产量不断创造出奇迹般的数字，南宋初期已有六千余万斤，乾隆元年更是达到2.2亿斤。

四川开凿盐井的方法在当时也居于世界领先地位。宋代已经能打出口小如碗、深达数十丈的"卓筒井"。根据英国科学史学者李约瑟的说法，在1900年前，全世界范围内的油井、气井和盐井都使用的是"卓筒法"，而这正是由四川传到西方的技术。

还有什么比制盐更令四川人感到自豪的成就呢？

这样伟大的成就，自然应该被人铭记，于是蜀人便把制盐的场景记录在了一种特殊的材质上，这就是画像砖。

画像砖是带有模印图案的石砖，作为一种建筑装饰在东汉时极为盛行。四川地区出土的画像砖别具生活趣味，有许多内容都表现了人们劳作、生活的场景。作为当时重要的生产劳动之一的制盐场景，也就被生动地记录在了画像砖上。

这块画像砖大略呈方形，长宽40厘米左右，一块砖就像一幅完整的"连环画"，汇聚着制盐工人在崇山峻岭之间劳作的整个过程。

画面最左边表现的是几个工人正在井架上从深井里汲取盐卤，井架的顶上安装着滑轮，为的是更加便捷省力。这样的盐井极深，在东汉已可深达六十余丈，唐代更达八十余丈。被汲出的盐卤被倒入旁边的储存器内，再被引入右下角的煮盐场内。小小的画像砖毕竟面积有限，无法将太多复杂的工艺过程悉数收纳，因此画面也就简化成了几个制盐工人站在联排的灶前，有人负责灶火，有人负责煮盐，各司其职。其实制盐远不是把水煮干这么简单，还要不断析出杂质，最后加入渣盐促使其结晶。

制盐的灶火一刻也不能停止，所以也就需要源源不

制盐画像砖
东汉
四川博物院

制盐画像砖拓片

断的燃料。你看，画像砖的正中间表现的便是一群在山间辛苦背柴的人，他们的功劳也实在不能抹杀。画面右上角还有几位打猎的形象，可能是为了全面展现人们在山间的活动，也可能是在表明打猎也算是制盐的"后勤保障"。

蜀地的人们对生活总是格外投入，所以这些表现生活场景的画像砖也极为生动细致，除了制盐的，还有渔猎、收获、乐舞等等，总是带着热气腾腾的激情，引人入胜。

唐

宫乐图

大唐仕女的欢乐聚会

"白头宫女在，闲坐说玄宗。"历朝历代的后宫生活大抵都是寂寞的，所以深宫仕女自然要想一点排遣寂寞的法子。

比如这幅《宫乐图》里聚集的十二位后宫女子，她们有的品茶、有的弹奏、有的挥扇赏乐，或许谈不上有多少欢乐，但至少此时此刻不至于寂寞难挨。

十位人物沿着一张大案围坐，画面布局疏朗，让每个人物都得到了充分的展现。她们的神采、姿势、穿着、装扮各有差别，但无不神姿生动，充分展现了大唐仕女的风采，当然也展现了画家非凡的功力。如果告诉你这幅画只有48.7厘米高、69.5厘米宽，在这样小的尺寸上展现出这样盛大的场景，还能做到细节精微，你是不是觉得更加难得？

由于年代太过久远，绢已经变成褐黄，更显古雅沉静，让我们一下子就进入到一千多年前的那个时空。

虽然画面上没有任何信息说明这次聚会到底发生在一天当中的哪个时间段，我却总觉得这是一个温暖的下午，仕女们闲来无事又倦态慵懒，品品茶、听听乐就是最好的消遣。

不过，这可是唐代的女子在品茶，如果你细看，会发现她们格外"豪放"呢！你看她们手中的茶盏真叫大，看形状也分明更像是碗。

这还真是唐代的特色，倒不是因为唐代女性气势豪放，这主要是由当时流行的泡茶方法决定的。唐代泡茶和现在完全不同，唐代时是"煎茶"，先把茶叶研成粉末，再泡在水里煎煮，最后把茶汤盛在茶釜里供大家分享，仕女们围坐的大案中央那个巨大的"铜盆"就是茶釜。如果有谁想要饮茶，便用旁边那把长柄茶勺把茶汤盛到茶盏里。

在当时，除了泡茶的方式不同，连茶的味道都和现在完全不同，唐代人的茶里要加入盐来调味，他们喝的实际上是咸茶，再配上这样壮气的大茶碗，倒真像是在喝汤了。到了晚唐以后，人们才开始把茶叶末放在茶盏里再注水冲泡，这种方式称为"点茶法"，后来茶盏也越来越袖珍，慢慢成了"茶杯"。

从仕女们手中的茶碗的颜色来看，这应该是出自越窑的瓷器。越窑是唐代最著名的青瓷窑口，又位列诸窑之首，当年有诗人形容越窑的釉色是"夺得千峰翠

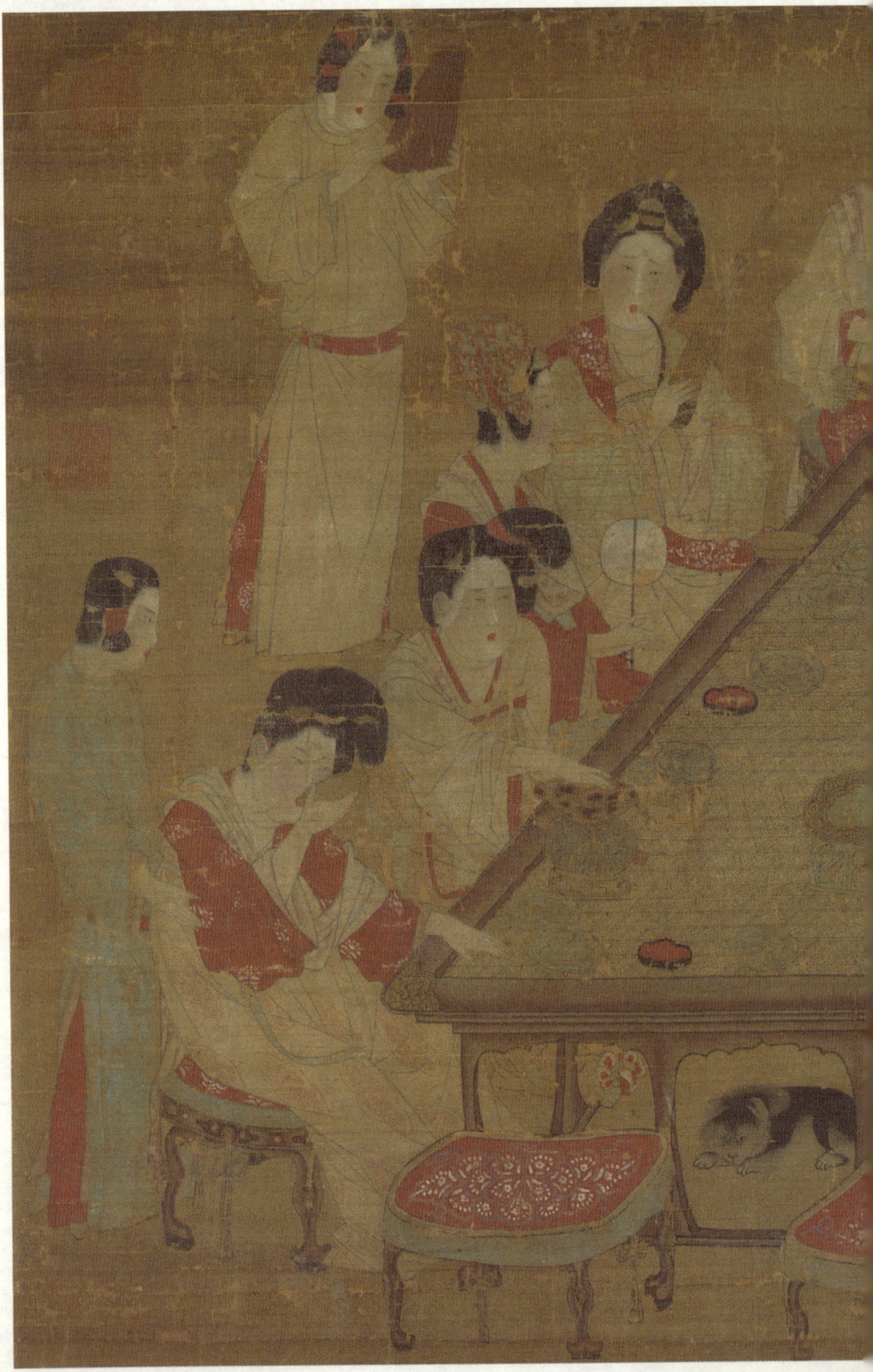

宫乐图
唐
台北故宫博物院

色",从出土的唐代越窑瓷器来看,正是这种莹润的绿中略略泛黄的色泽。

越窑里还有一种更加珍贵的瓷器被称为"秘色瓷",在当时是专门被作为贡品的,这些后宫仕女所用的茶盏就很可能是这秘色瓷器。

由于秘色瓷的釉料配方保密,又只专供皇室,所以民间几乎难见其身影,也就因此而被称为"秘"。在历史上关于秘色瓷的猜想也有很多,但直到二十世纪八十年代陕西法门寺地宫的宝物被发现时,人们才真正一睹秘色瓷的真容。画中仕女手持的这种敞口大茶盏正是秘色瓷中具有代表性的器形。

除了品茶,仕女们也饮酒。大案上摆着许多浅浅的耳杯,就是那些外黑内红的漆器,这是古代专门用来喝酒的酒杯。

有茶有酒自然少不了乐曲助兴,所以画面当中有五位正在奏乐。

正中间弹琵琶的那位显然是主角,在隋唐的十部乐中,琵琶是主要的乐器。画面对乐器的刻画很细致,我们可以清楚地看到当时的琵琶为四弦,并且是横抱着用拨子弹奏的,倒有点像现在的吉他弹法;她左手边那位正在吹奏筚篥,就是那管小竖笛一样的乐器,它最早被龟兹国(现在的新疆库车县一带)的牧人当作牧笛。

琵琶和筚篥都是来自西域的乐器,它们在唐代很是流行,这何尝不是唐代具有海纳百川广阔胸怀的例证呢?

琵琶乐手的右手边的一位正在专心地弹奏古筝,再接下来的一位则正在吹笙,后面站着一位侍女手中拿着牙板拍打着节奏。

虽然听不到声音,却可以分明地感受到这是节奏明

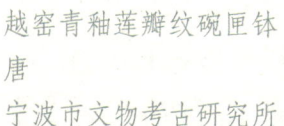

越窑青釉莲瓣纹碗匣钵
唐
宁波市文物考古研究所

快的曲调。

即便仕女们什么也不干，只是这样随意地坐着，她们的妆容、发式、服装也很值得欣赏。

她们所化的是典型的唐妆。

先用一层厚粉打底，遮住脸上原有的一切色彩，像是一张干净的白纸，然后才在纸上描画图案。这些粉的材料来源广泛，可见当时女性为了美是多么富于想象力，她们使用的粉包括米粉、檀粉、珍珠粉、蛤粉乃至有毒的铅粉、水银粉等等。

为了突出局部，再在额头、鼻子和下巴上敷上厚厚的白粉，是为"三白妆"，这是脸上的"高光"部分。

画面中的女性几乎都化着这个妆容。

平直纤细的远山眉则是涂胭脂的分界线，眉毛以下的面颊显得"浓墨重彩"，胭脂被涂抹得不遗余力，满满占据了眉毛以下的大半张脸，这就是名副其实的"红妆"了。

有的女子更讲究些的，会在额头中央贴花钿，也就是用金箔剪成的各种花形以增加别样的妩媚。

至于她们的樱桃小口，则是先用浓重的粉盖住原本的唇形，再用唇脂点出一点艳红。

唐代诗人王建写过两句诗，"归到院中重洗面，金盆水里拨红泥"，可见她们的妆容之浓了。

这样的浓妆适合搭配隆重的发型。像画中仕女这样把头发高高梳起，在靠近头顶的位置缚成发鬟偏向一侧的是坠马髻，这是唐代贵妇中极为流行的发式；在此基础上变形得复杂一些的则是蛮鬟椎髻，也就是后脑勺的头发被梳成了两个鬟，画面右下角那个背对我们喝茶的女子就是这样的发型，画家故意让她背过头，大概正是为了让我们欣赏她发髻间的风情；两位使用吹奏乐器的仕女梳的是盘桓髻，头发卷起堆在头顶，由于脑后没有复杂的发式，便于睡觉，所以又叫卧髻；头顶上插满鲜花的是簪花高髻。

发式最简单的是两位侍女，她们梳着双侧垂髻，这是丫鬟或者孩童常见的发式。

不管是哪种发式，无不是云鬓浓密、钗环琳琅，再配上遍身的绮罗，则成了后宫里卓绝的风景。

仕女们上身是一色袒胸敞领的短襦，露出秀颈、玉臂，肌肤胜雪；下穿高腰抹胸裙，长裙曳地，行动起来更见袅娜与妩媚。她们的肩头还绕着图案华美的披帛，让整个装扮显得更加灵动飘逸。

服装和披帛的色彩也极为讲究，主色是半透明的蜜色、藕色和青色，而每位仕女身上都有或多或少的猩红，被映衬得更加浓艳新鲜。

左下角的这位侍女的服色最见精神，画家采用了大面积的石青，倒是显出万红丛中一点绿的清新明快，也让人的眼睛松了一口气。

最漂亮的裙子当属侧坐在右边端着茶碗的仕女，她的裙襦是一片淡淡的粉色，显得格外轻柔，像是被桃花映红的流水，清澈透亮。

如果你再仔细看，画家在表现服饰上还有一处妙笔，那就是左侧一位仕女"不老实"地把脚跷在了桌子底部的横框上。这是整个画面上唯一露出的一只脚，也是画家有意表现的一只脚，为的是向大家展现她的花头鞋是何等精妙无双。这真像是脚尖上开出的一朵花。

画家在这幅不大的画面上，让唐代的仕女进行了一场服饰、发型、妆容、风度、才艺的集中展示，真是别具匠心了。

不过，你是不是也发现了一点不合常理之处呢？

你看画面上这张大案子，近处比较小，远处反而大，这显然不符合"近大远小"的日常透视规律，不过这并不是画作的瑕疵，而是源于我们的传统画法，为的是突出主题——仕女。

画家不仅想要无差别地把仕女们画得几乎等大，而且还要突出中心人物——弹琵琶的仕女和左下角的品茶仕女，她们二人的服色是一致的，主调都是浓艳的猩红，她们的地位也相对更高一些。

这两位在构图上也形成了很好的呼应，把观众的目光牢牢锁在了画家预设的观赏线路上，从左下向右上延伸。

画面还有一处不可或缺的细节，那就是躲在桌子下面的小狗，虽然它体形很小，位置也很隐蔽，但观众是不会在画面上错过它的。这只小狗起到了稳定画面的作用，它的黑色皮毛与仕女们的黑发形成了很好的呼应，也让观众的目光在画面下方有了一个稳固的落脚点，如果没有这一点重色，桌下空出一块，整个画面也就不免显得头重脚轻了。

何况这小小的巴儿狗本来就是唐代仕女们的宠物，

在另外一幅描绘唐代仕女的《簪花仕女图》中也有这么一条毛茸茸的小黑狗。在寂寥的深宫里，或许也只有它们，能给仕女们带来难得的抚慰与欢乐了吧？

五代至宋

山水画「四宝」

山水画里有乾坤

近年来，北京故宫博物院成了明星，无论推出什么活动和文创产品都引得大家热情追捧；在中国台湾海峡的另一边，还有一个"故宫"，也同样受到世人瞩目，这就是台北故宫博物院。

台北故宫的藏品数量只有不到七十万件，这样的数量规模并不算大，但要是论藏品的质量，台北故宫却格外过硬，尤其是中国古代书画，这里收藏了大量的稀世珍品。

虽然这些作品光芒万丈映照千古，就其艺术水准来说实在难分伯仲，但对于中国美术史的发展而言，有些作品还更具有一锤定音的意义，比如那些起到了承古开今作用的作品，就比一般的杰作显得重要多了。

对于中国山水画发展过程而言，有四件作品比起其他作品来，就显得特别重要些。

这是由五代至南宋的四幅山水画，我把它们看成是类似于文章"起、承、转、合"的结构。

现在我们一提到中国画，绝大多数人脑海中会自动匹配出水墨山水画，它的冲淡与超然的确与中国文化的内在品格相契合。水墨山水画成型于宋代，它的风格基调也正是在宋代形成的。

在中国美术史上,独立的山水画比人物画出现时间要晚得多。这个现象不单是中国如此,西方也一样。单独的风景画一直要到文艺复兴晚期,也就是基本相当于中国明代中晚期才出现。这是因为绘画早期的主要功能不是为了给人欣赏,大家都还在解决温饱的阶段,没心思欣赏这种"毫无用处"的东西,绘画更多是为了实用的目的,最早可能有巫术的作用,后来慢慢又具备了记录事件、劝诫道德等功能,山水画确实派不上什么用场,所以最早的山水只能缩在人物后面,完全没有露脸的机会。

到了魏晋时期,人们的精神追求丰富了起来,山水画就逐渐成为独立的绘画门类了。画史上记录了许多位画家,只不过他们的作品都没有留下来,但他们对于山水画的审美趣味却明确了一个方向。在这个时代,人们认为虽然自己无法亲临真山真水,但通过欣赏传神的山水画作品,也同样可以畅游山水,山水画也就成为了寓目、寄情的对象,这种想法成为后世山水画创作和审美的核心观念。

想要看到独立的山水画实物,那得等到隋代。我国现存的第一幅山水画是展子虔的《游春图》,收藏在北京故宫博物院。在这幅绘画当中,不仅山水是绝对的主角,山水、树木、人物的大小关系也很准确,正是所谓"丈山尺树,寸马分人"的比例,不再像以往的作品当中出现的"人大于山"的样子了。

只不过隋唐山水画大多是像《游春图》一样工笔重彩、精描细刻的风格,这与后世流行的墨气纵横的水

展子虔《游春图》
隋
北京故宫博物院

墨山水画，还不是一回事。

唐代其实已经有了水墨山水画。据画史记载，大诗人王维就是创造者，只不过现在所传的王维作品无法得到确证，所以他的水墨山水画是什么样子，就需要我们发挥想象了。王维的作品得到过一句流传甚广的评价，人们说他"诗中有画，画中有诗"，他的诗是平和恬淡带有禅意的，我们也就不妨按这个方向去想象他的画吧。

唐代山水画虽然已经完全独立了，但还是略略有点严肃，一笔一画的勾勒填色，不像后来的水墨画有一泻千里的潇洒劲儿。

想要看到那样的作品，我们也就还得再等等。到了五代，真正的以水墨为主而不是色彩为主的山水画登场，这时的绘画技法已发展成熟，气韵也足够生动。这种新样式很快就吸引了当时人们的目光，很多画家也都开始走到了这条路上。

现在，我们"四宝"当中的第一宝登场了，这是五代画家荆浩所绘的《匡庐图》。

匡庐就是庐山。画家荆浩是个隐者，隐居在山西太

荆浩《匡庐图》

五代

台北故宫博物院

行山一带，所以他画的庐山大家说其实是太行山，因为画中山水俱是北方大山大水的模样，山体浑厚雄壮、巍峨耸峙、气魄雄壮。

荆浩主张对真实山水进行观察，比唐代画家的山水画注重写实技巧。《匡庐图》中的山体峰面向阳的地方只有墨线勾勒的轮廓，而背阴的地方，则加入了皴擦点染，既突出了山石的嶙峋，又表现了光线的晦暗。

所谓的皴，就是使用毛笔的侧面擦出来的效果，用来表现山石质地、纹理和阴阳背向。这是中国画中一种独特的技法和表现方式，后来发展出许多种皴法，名字都是根据笔墨效果起的，所以很形象，比如披麻皴，指皴擦出来的墨迹像是麻布的纹理；斧劈皴则是指皴出来的墨迹像是被斧头劈过一样锋利；还有雨点皴、牛毛皴、马牙皴、钉头皴、折带皴等等，不妨发挥想象力，顾名思义。

这些皴法都是画家们在自己的实践当中不断创造出来的，有许多独创的皴法也成了他们自己显著的笔墨标志。

《匡庐图》展现了中国山水画典型的元素，山石耸立、流水潺潺、林木丰茂,数间屋宇夹杂其间,由此可见这并不是荒山野水,近处的岸渚边,还有一叶小舟,渔人撑着长篙悠然前行。这是有温度、有情感的山水,这也正是隐者的世界,这是中国人心目中山水应有的模样。

画作年久,绢已发黄,但那墨气氤氲润泽的气息却丝毫未减。

此画宽一米有余,受当时的丝织技术所限,它是由几幅绢拼起来的,接缝处在被后人不断展玩的过程中已经有些破损了。

《匡庐图》就这样开了个头,我们的山水画,就要照这个样子往前面走了。

接下来到了北宋,北宋初期一位画家画的山水更大了。这就是台北故宫镇馆之宝之一,范宽的《溪山行旅图》。

当我许多年前第一眼在书中看到这件作品的图像时,我清楚地记得当时头不由向后一退,因为这山实在太大了,我被那排山倒海的威压气势给震慑了。

巨峰堂堂,壁立千仞。范宽用他独创的雨点皴,将山石描绘得厚硬非常。山顶草木华滋，一线细流从山缝间垂直而下，也为画面打开了一条缝隙，并不显得憋闷。

山势险峻，这一线细流到了山腰被浓雾遮盖了行踪，不过，它终究藏不住踪迹。山脚下那一片开阔处，便是涧水落脚之地，此刻它又沿着缓坡一层层向下流淌，注入山下的深潭，再向外流去。

山下的氛围显得舒缓了许多，因为有了人迹。密林间一前一后两人，赶着一队驮着货物低头慢步的毛驴。最右侧的山体下有一处留白，看过去，有几架排布齐整的屋顶，暗示这里正是好住处。恰好便与这驴队形成了呼应，增加了寻常生活的气息。

范宽是北宋早期名气最大的画家之一，这件作品的真伪也一直被人质疑，因为要确证艺术史上的名作尤其需要谨慎。鉴别它的难度很大。鉴别古画有几个主要的依据，比如画家的签名或者是收藏鉴赏的印章等等，但这幅《溪山行旅图》上偏偏什么都看不到。直到1958年的一天，台北故宫的研究人员在树丛中发现了两个隐藏得极深的"范宽"二字，这件作品的身份才

范宽《溪山行旅图》
北宋
台北故宫博物院

终于有了定论。

那两个字藏在驴队身后那一丛密树里，几丛叶子之间有一点空隙，画家便把自己的签名放在这里，伪装成了树叶。由于字写得极小又模糊，为了保护画作现在在展出时还得隔着玻璃观赏，如果没有专门的放大镜，你是很难看见这小小的签名的。

因为在当时画家间并不流行签名，更

范宽的签名就在画面最右侧的一丛树叶间。

别说在画面上洋洋洒洒地题诗作文,这也让后人在鉴别古画时更加麻烦。

比起五代的《匡庐图》,北宋的《溪山行旅图》显得更加生动真实,画面的比例、层次、笔墨,都更加自如而丰富。

不知你有没有发现一些与现实矛盾的地方,比如这样一座大山,如果能够看到行人驴队这些细节,必定是站在山脚,那么必定是望不到山巅的,更不要说连峰顶的树枝都能看得分明;如果想要看得见山顶的树枝,又要看得清山脚下的树叶,那得有千里眼才行。

其实,这正是我们中国画特有的视角,被称为"散点透视"或者"多点透视"。画家从多个角度观看一个对象,把山顶、山腰、山脚等处都看个遍,然后再把他从不同角度看到的内容都组合在一起,同时呈现出来,才可能产生这样的效果。也正是有了这样特别的视角和处理方式,才可能展现出"千里江山"这样的大场面啊!

不得不说,从五代开始,中国山水画成熟的速度惊人,从荆浩到范宽,已经取得了这样的飞跃,后世想要超越怕是格外艰难了，对于一般的画家来说，这应该是不敢想象的事了。不过，历朝历代仍然有许多具有创见的画家，在探索着新的绘画语言。

这才有了第三幅画，这是北宋中期郭熙的《早春图》。

毕竟是早春之景的缘故吧，所以画面上弥漫着料峭的寒意，清雾笼罩，山峰若隐若现，山石扭曲，状若卷云；树叶还没有发芽，树枝状如蟹爪。这些笔法都是画家自己的发明。

如果单从绘画上来看，实在不能说郭熙的绘画水平超越了范宽，但他还有一项伟大的成就不下于作品本身，因为他撰写了一部精彩的绘画理论著作《林泉高致集》。

理解了郭熙的绘画理论，大概也就能够理解中国水墨山水画的神韵和追求了。

郭熙的绘画理论很丰富，有几点特别富有创见，为世人称道。

他把画中的山水分为了四种，分别是：可行者、可望者、可游者和可居者。可游可居的山水比可行可望

郭熙《早春图》
北宋
台北故宫博物院

的山水要更高妙，其原因正在于可游可居的山水是宜居的，是能够安顿人的身心的，也是可能与人产生情感共鸣的。所以，你看我们的山水画当中，无论是什么样的崇山峻岭里，几乎都会掩藏着小小的人迹，这也正是要表明人和山水之间是亲近的。

他的《早春图》中也有人迹，虽然画得很小，很容易被忽视，但正是这一叶小舟、一檐屋角，为画面增加了灵气，也增添了温暖。

在他眼里，山水是和人一样有表情、有状态的，所以他要求画家能够画出山水四时阴晴的不同来。"春山淡冶而如笑，夏山苍翠而如滴，秋山明净而如妆，冬山惨淡而如睡。""春山烟云连绵，人欣欣；夏山嘉木繁阴，人坦坦；秋山明净摇落，人肃肃；冬山昏霾翳塞，人寂寂。"

这既是山水的形态，也是人的心情，我们中国的山水从来不是冷冰冰的山水，它既不威慑人心，也不要人去征服，它从来不站在人的对立面上。我们中国的山水是活泼的、灵动的，是充满感情的，它邀请人们和它交流、共处。所以，这样的山水画，成为了我们

李唐《万壑松风图》
南宋
台北故宫博物院

心灵的抚慰。

《林泉高致集》在谈到绘画表现技法时还有一段影响力巨大的文字："山有三远：自山下而仰山巅谓之高远；自山前而窥山后谓之深远，自近山而望远山谓之平远。"

这"三远"囊括了中国山水的三种构成方式。

《早春图》中也尽显三种"远"态。远峰直上云霄，高远不必说了；峰回路转、层峦叠嶂，这就是深远之景；倒是平远，正如其名，既平且远，山并不讲究威压凌厉，也不追求险峻幽深，它就那样缓缓地、不动声色地向远方的无限中伸展，山长水阔，渺渺茫茫，最终通向未知的天际。

到了后来，平远发展成"三远"当中被表现最多的状态，因为这种平和、悠远、广阔最能体现我们中国人的精神追求。

慢慢地，我们的山水画中出现了越来越多的长卷，不再像早期那样以立轴为主。崇山峻岭转为岸渚坡坨，山势由向高处耸立转为向远处舒展，也正体现了历史上人们审美的变化。

马远《梅石溪凫图》
南宋
北京故宫博物院

李唐《濠梁秋水图》
南宋
天津博物馆

夏圭《雪堂客话图》
南宋
北京故宫博物院

山水画该有的技法与精神都已经基本定型，现在还有什么事可做呢？

只要你想象力足够丰富，就一定能够想到的。

到了北宋末年，画家李唐就想到了。他的作品在继承北宋各家成就的基础上，开创了南宋的新画风。

他的《万壑松风图》正是我们要说的最后一幅画。这件作品看来墨色浓重，其实是幅实实在在的彩色画，只不过中国山水画设色古雅，加上年代久远，所以远看只有一片墨意了。

《万壑松风图》的画面和《溪山行旅图》有些相似，都是正当中一座巨峰，只是这座巨峰更加瘦硬，石头像是被斧头劈过似的，一下接一下，留下了深黑的印迹。这种特殊的效果就是著名的"斧劈皴"。

山腰盘旋的几朵云恰到好处，有效地软化了气氛，不至于让人喘不过气来。那几座远峰，画得很简单，只略具其形，没有细节，只有锐利的轮廓，正是中国古代绘画技法中所谓的"远山无皴，远水无波，远树无枝，远人无目"。

不知你有没有一种感受，这幅画虽然也有巨石密林，但总让人觉得画中的山水并不像是前面的画家那样从山脚画到山顶的大全景，画中的景物显得更加聚焦，这正是李唐充满想象力的创新！

后来，他把图像进行了更进一步的"裁切"，或是画面最上方不再留出一点空白用以表现天空；或是画面下方不再画出完整的山脚景色。画面上山不见峰、树不见根，它们被画面生生截断了，像是画家向自然随手扔去了一个画框，截到哪里便是哪里了。

这种"不完整"的画法宣告着一个全新风格的产生。

后来，南宋流行的，就是这种截取的山水小幅景色的风格，称为"截景"。而把这种截景推向极致的是南宋的另外两位著名画家马远和夏圭，他们特别注重剪裁物象，所以画面上大多是山之一角、水之一涯，这两位也因此被称为"马一角"和"夏半边"。

由于这些珍贵的作品年代太久远，所以十分脆弱，不能长年与观众见面，只有特别的大展上才能亮相，所以想要看到这几件宝物，去一次肯定是不够的了。

宋

黄州寒食帖

困顿之时方见本色

在历史上，北宋并不是一个铿锵激越、纵横捭阖的朝代，但它却在盛大的唐代和纷乱的五代之后开启了一种平和冲淡的全新气质，并对后世的中国文化产生了重要的影响。

在宋代立国之初，宋太祖赵匡胤就立下了"不杀文人"的祖训，并由此形成一种"重文轻武"的国策。所以，生活在这个时代的文人无疑是格外幸运的，他们的精神世界也就因此格外丰盈。

这样的环境之下，产生了苏轼这样的文人，成为千古文人中最理想的代表。

或许，这并不是他愿意的。看他的《洗儿诗》便能品出他的无奈："人皆养子望聪明，我被聪明误一生。惟愿孩儿愚且鲁，无灾无难到公卿。"虽然是戏言，却也道出了实情。如果让苏轼重新选择，他或许真不愿意要这盖世的聪明吧，它带来的哪里是春风得意，而是一番常人难以承受的恓惶和流离。而这一卷《黄州寒食帖》恰是苏轼人生的重大转折时极具代表性的作品。

想要充分理解这件作品，我们还是把目光放得远一点吧。

苏轼早年是顺遂的，因为没有什么能够盖住他的绝世才华。

宋仁宗嘉祐二年（1057年），苏轼二十岁。在父亲苏洵的带领下，他和弟弟苏辙一起进京赶考，谁也想不到这位从偏远的西蜀风尘仆仆进京的考生，会成为中国文化史上映照千古的名字。

让我们一点一点来看他是如何展现这绝代的才华吧。

当年的科举考试中最重要的科目就是"策论"，也就是考生要写一篇文章，就当前的政治问题向朝廷献策。苏轼应试的文章名为《刑赏忠厚之至论》，在文章当中他探讨了如何"执法"，也就是刑赏，尤其举了上古明君尧帝以宽厚治国的例子，最终阐发的是儒家的仁政思想。

我知道，像这样干巴巴地归纳"中心思想"，实在是无法让大家了解到苏轼的这篇雄文到底有多厉害，我只说说当年的主考官看到文章后的反应吧。

阅卷的官员是梅尧臣，这是宋代著名的诗人，文坛地位与欧阳修齐名。他的批阅是此文有"孟轲之风"，也就是说这篇文章有孟子的风格风度，这是何等的赞誉啊！于是他把文章荐给当年的主考官欧阳修。

欧阳修拿到文章对作者的才华极为震惊，不过他以为这是自己的学生曾巩的文章，于是为了避嫌将它定为了第二名。

等到揭榜之时，他才知道原来世间真有人才华超出了他的想象。

第一还是第二毫不重要，苏轼彻底出名了。

对于这篇策论，大家还津津乐道于一则逸事。当时的考生在中榜后都要去拜访当年的主考官，相当于确立终生的师生关系，这在古代是一种惯例。欧阳修其实早就等不及想要见到苏轼了，因为对于他的文章，这位主考官心里一直有个疑惑想要搞清楚。苏轼在文章里提到尧帝三次阻止他的法官皋陶氏杀人，欧阳修实在不知其出处，结果苏轼笑着说这是他"想当然"临场杜撰的"典故"。

这样的杜撰在当年的文章里是大忌，它很容易被作为考生知识不过关的"硬伤"导致名落孙山。苏轼这是在拿自己的前途开玩笑啊，真是个幽默的人。不过，他倒是开得起这样的玩笑，这篇文章让他名动惊师，这则杜撰则更让大家感叹天才总是不走寻常路啊！

面对这样的苏轼，欧阳修在不同的场合一共说过三句评语。第一句是："此人可谓善读书、善用书，他日文章必独步天下。"第二句是："读轼书，不觉汗出。

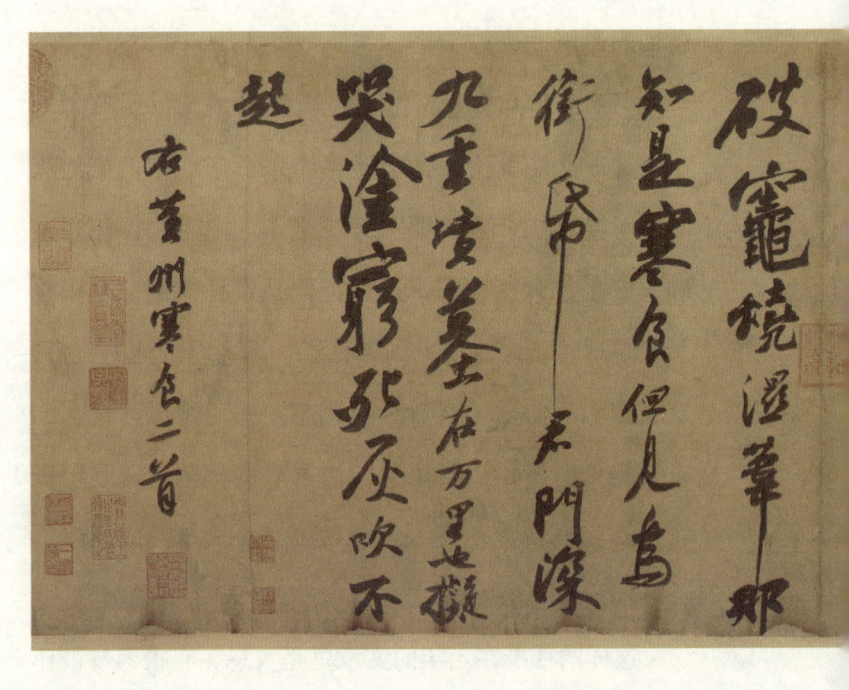

苏轼《黄州寒食帖》
北宋
台北故宫博物院

快哉！快哉！老夫当避此人，放出一头地也。可喜！可喜！"第三句是："汝记吾言，三十年后，世上人更不道著我也！"

要知道，欧阳修可是当时文坛的绝对领袖，他并不需要对谁奉承，所以他的赞美是实话。在这样的赞美里，还略含着几分无奈，他知道自己的时代要过去了，

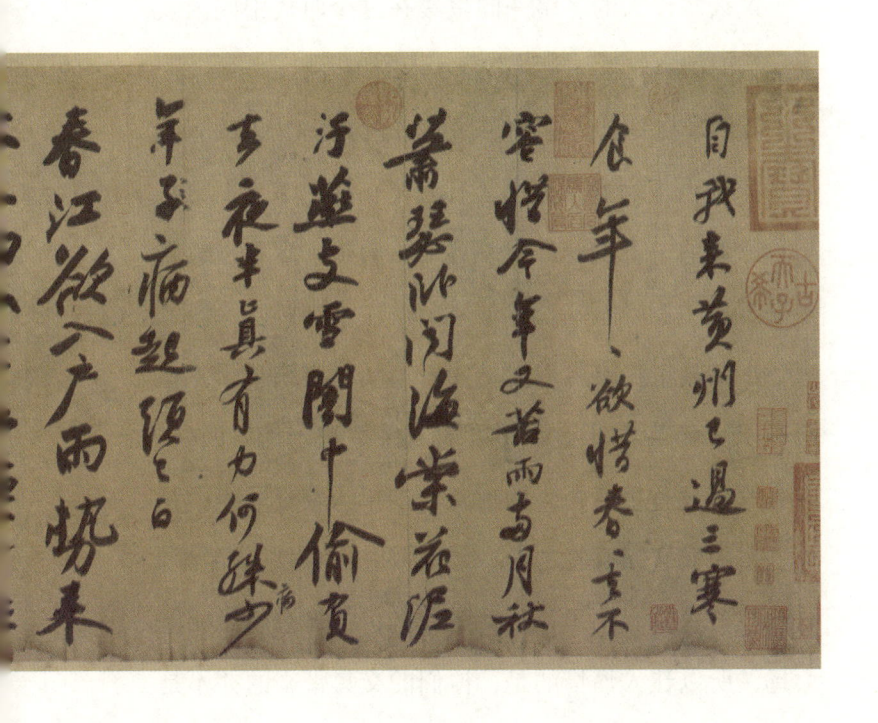

从此,一个属于苏轼的时代到了。

苏轼成了当时的"超级巨星",天下人都是他的读者,皇太后都成了他的"粉丝"。

顺便说一句,就在这一年,苏轼的父亲和弟弟也同榜高中,由此留下了"三苏"的千古佳话,欧阳修的得意门生曾巩也在同一年登榜。

这么多伟大的名字一同聚集在这个时代中闪闪发光,当时的空气里,或许都是才华的味道吧。

我们现在一提到古文便一定会提到"唐宋八大家",其中宋代占了六家,其中又有五位在这个节点上聚集了:欧阳修、苏洵、苏轼、苏辙、曾巩。现在,只缺王安石。

比苏轼年长十六岁的王安石其实早就出场了。他也是个少年英才,公元1042年就荣登进士榜第四名,并且素有"矫世变俗"的抱负,多年为政也取得了相当不俗的成绩。不久之后,他就将进入苏轼的人生里。这两位文人在私下里是彼此敬重的,但无奈政见相差太远,所以让人痛惜的是,他们的交集带来的并不是才子相惜、共襄国是的佳话,而是成为苏轼乃至这一代士人一生最痛苦的记忆。

一切都源于公元1069年那一场著名的变法。

王安石是个主张变法的激进派，他被皇帝授予大权，于是迅速地在财政、军事、科举等多项制度上进行了一场轰轰烈烈的变革，希求这场疾风骤雨能革除大宋积弊，让它焕发新生。不过，病弱的肌体对于太过激烈的手术是难以承受的，随着变法而来的是惊人的社会弊病，于是便有了强烈的反对声音。

苏轼便是反对者之一，当然反对的结果就是被核心政权疏远。他先是被派往杭州，接下来是山东密州。

虽然饱受打压，但对于古代的读书人来说，到哪里都是一样的修齐治平，苏轼仍然积极勤勉，此间的一首词《江城子·密州出猎》道出他的志向：

老夫聊发少年狂，左牵黄，右擎苍，锦帽貂裘，千骑卷平冈。为报倾城随太守，亲射虎，看孙郎。

酒酣胸胆尚开张。鬓微霜，又何妨！持节云中，何日遣冯唐？会挽雕弓如满月，西北望，射天狼。

何等豪情，何等抱负！

可是转眼他又被调往湖州等地，在那里，他遭遇了生死大劫，这就是史上著名的"乌台诗案"。

由于苏轼反对激进的变法，所以他被归为"旧党"，他的政敌却欲除之而后快。他们在苏轼的诗文当中寻章摘句，罗织他讽刺朝政的"祸心"，导致苏轼被押解到京师，命悬一线。

为了营救他，"旧党"元老纷纷上书，"新党"当中的耿直之士也力劝宋神宗，连当时的皇太后也出手阻止皇帝，最后退休金陵的王安石为救苏轼也专门上书，这才让他得到从轻发落。说到底，苏、王二人并无个人恩怨，并且人品都同样高尚，才会有这样的结果。

苏轼被贬为黄州团练副使，这是个几乎毫无权力的闲职，他还要受当地官员的监视，无故不得离开此地。

在这里，苏轼的精神世界经历了一场蜕变，从此才成为中国文人里最独一无二的那一位。

初来黄州，苏轼的身心都遭遇了重创，生活也极为困顿，甚至还要带领家人开垦城东的荒坡以帮补生计，

"东坡居士"正得名于此间。

在来黄州的第三个寒食节里,他有感而发,提笔挥就了两首五言诗,世间也就留下了这一卷行书:

> 自我来黄州,已过三寒食。年年欲惜春,春去不容惜。今年又苦雨,两月秋萧瑟。卧闻海棠花,泥污燕支雪。暗中偷负去,夜半真有力,何殊病少年,病起头已白。

> 春江欲入户,雨势来不已。小屋如渔舟,蒙蒙水云里。空庖煮寒菜,破灶烧湿苇。那知是寒食,但见乌衔纸。君门深九重,坟墓在万里。也拟哭涂穷,死灰吹不起。

寒食节在清明的前一天,这个时节下雨是常态,冷锅冷灶加上凄风苦雨,苏轼的情绪也极为郁闷,连笔下的墨汁也像饱含着悲凉,写得沉郁顿挫。

起笔的几行字写得还比较节制,从第四行开始,情绪越来越浓,字就渐渐越来越大了起来。待第一首写完,第二首就更显得放任恣肆了,字体大小错落、轻重参差，一挥而就之间显得潇洒落拓、神采照人。果然是字如其人，满纸风流！

苏轼本来就是个诗文书画无所不精的才子，这一帖行书自是一个惊艳的例证。后世把《黄州寒食帖》誉为"天下第三行书"，居于王羲之的《兰亭序》和颜真卿的《祭侄文稿》之后。天下行书名帖何止万卷，能位列前三，这对于其他人已是难得的荣耀，但对于苏东坡这样不世出的才子，我倒并不认为这算是多大的赞美。

还是他的"超级粉丝"黄庭坚更舍得夸赞，他为此

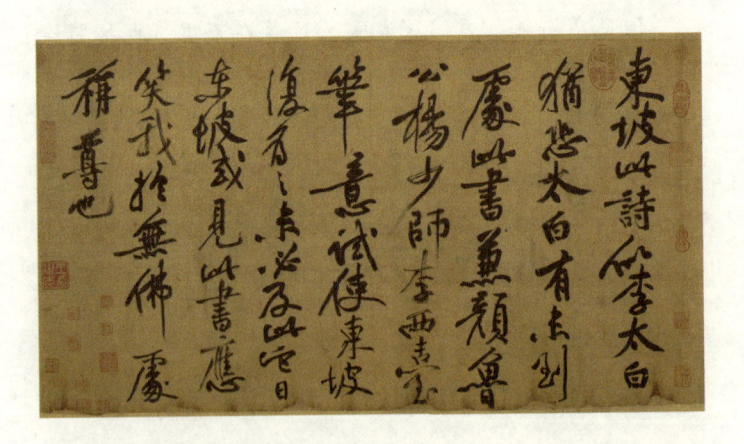

黄庭坚在帖子后面的题跋，极尽赞美，当然这篇题跋本身也是一篇精彩的书法。

帖的诗文和书法绝倒。黄庭坚先是赞美诗文堪比李白甚至还有过之，接着又赞美书法兼有颜真卿等大师的笔意。这样不遗余力的赞美无疑带着强烈的个人感情，稍稍显得有点夸张。不过在最后，同是书法大家的黄庭坚有一句确是行家的评价，他说："试使东坡复为之，未必及此。"确实，只有情之所至、一挥而就才能有这样的神来之笔，若要让苏轼重写一份，大概是很难再达到这样的浑然天成了。

是的，只有当宇宙、人生在这个瞬间达到了最微妙的共振，才能产生出这样旷世的杰作。

不过，到底是苏轼，虽然不乏牢骚，但他从不消沉，将进取的雄心安放在心底，这是中国的文人士子们最后的坚守。但在生活态度上，苏轼却变得更加圆融潇洒，他用虚静来缓解苦闷，用玩味来化解困顿。

苏轼在黄州的生活并没有越来越美好，但在他的诗词文章里，我们却可以看到他慢慢活成了文人理想当中的那个至情至性又带着缥缈仙气的"苏东坡"。

黄州城外有一处名胜——赤壁，他早已游览多次，这一年秋天，他又两次夜游，写下千古传诵的"前后赤壁赋",文中升腾出的便是一股出尘绝俗的诗意了。

说到赤壁,还有一阕大家熟悉备至的《念奴娇·赤壁怀古》,当真是千古绝唱!

在黄州,苏东坡迎来了创作的盛期。他一生创作诗歌2900多首,词作340多首,文章2500余篇,其中作于黄州时期的便分别占了总数的十三分之一、五分之一和三分之一。这连苏轼自己也颇感得意,对友人说自己此时的创作"篇篇皆奇"。

我们实在没办法在这里逐一欣赏他的奇文,只举一首他自己最欣赏的词作《定风波》,看到它,便懂了此时的他。

苏轼《枯木怪石图》
北宋
私人收藏

莫听穿林打叶声，何妨吟啸且徐行。竹杖芒鞋轻胜马，谁怕？一蓑烟雨任平生。

料峭春风吹酒醒，微冷，山头斜照却相迎。回首向来萧瑟处，归去，也无风雨也无晴。

这样的胸襟和气度，不需要过多赞美，文人的理想生命状态也不过如此了吧。

黄州当然并不是苏轼创作生涯的结束，只不过是他流离的人生中一个小小的站点，后面会被迁至哪里，他自己也不知道。不过，管他呢。

在黄州度过了五年后，他被重新起用，但是还朝的他在看到得势的"旧党"和当年的"新党"在本质上并无区别，同样腐败狼藉以后，又对皇帝提出了谏

议。当然,结果是这位"一肚子不合时宜"的才子又被打压。

不过,他早已经不在乎了,这次他自请外放到了杭州,疏浚西湖后筑下了西湖上至今新鲜动人的苏堤和那一句"欲把西湖比西子,淡妆浓抹总相宜"。

在苏轼后来的人生当中,他不断被贬迁居。远在岭南的惠州也有一个西湖、一道苏堤,你此时已经可以想见这是苏轼被贬惠州留下的政绩吧。在这里,艰难被他品成了甘甜,"日啖荔枝三百颗,不辞长作岭南人"。

一语成谶,苏轼越迁越往南,最后到了海南的儋州,这已是天涯的绝处。被迁到此,在当年算是只比满门抄斩低一等的处罚。

可是,他早已修炼成了仙人苏东坡啊!他不但毫不在乎地随遇而安,还活出了特殊的滋味和美感。在海南,苏轼发现生蚝味美,于是给儿子修书一封,还特意交代儿子不要让朝中的官员们知道此事,否则他们可能会争相南迁来分抢他的美味。

这当然是玩笑话,再没有哪个官员会有他这样强大又从容的内心,怎么敢到这里来。只不过这调侃里,包含的是苏轼对生命全部真谛的参悟!

公元1100年,徽宗即位,苏轼又被迁调,后来被召回朝,可是,在北归途中卒于常州,这里也是他流离的一生当中曾经的落脚点。

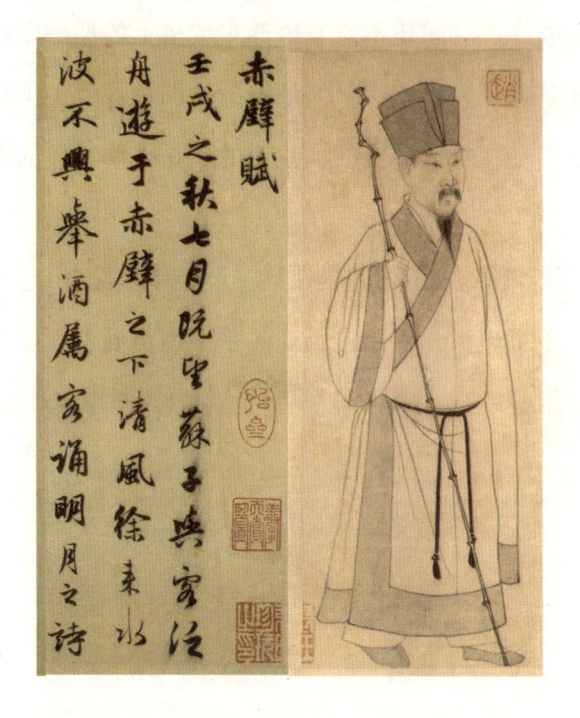

元代艺坛领袖赵孟頫在《赤壁赋》书法长卷的前面,画下了他心目当中的苏东坡。
台北故宫博物院

他的一生总是不断地迁调，每一个地方待的时间都不长，但每一个地方，都因为留下了他的足迹而骤然生辉。

这样的灵魂，总会在尘世里熠熠生辉，无论他在哪里。

哦，对了，如果我们的知识储备和人生积淀还不太够，或许一时间还不能领悟苏东坡留下的那一座精神宝库是何等堂皇盛大，但他留下的那一点舌尖美味却是实实在在可以品尝的，我说的正是香糯浓醇的东坡肉啊！

像苏轼这样的灵魂实在只应天上有，不过，老天把他赐予了尘世，于是这灵魂热乎乎地可爱着，可爱了上千年。

宋

吉州窑木叶碗

把自然的秘密留在心底

说起江西博物馆里的宋代瓷器，吉州窑无论怎么看，都显得有点排不上号。

在江西，因为有了景德镇坐镇，大概其他窑口也只能"自认倒霉"了，没办法，还有谁敢和瓷都抢风头呢？

再说到宋瓷，那更是有汝、官、哥、钧、定五大名窑牢牢把持着江山，连景德镇都要往后排了。

所以，在宋代，江西的吉州窑也真算得上是生不逢时，我们不难想象它在夹缝中求生存的艰辛。

吉州窑没什么显赫的身世，它是江西吉安地区一座民窑，以生产日用陶瓷为主，而且因为胎质的含砂量比较高，所以质感像陶器一样粗松，釉色也是质朴的黑褐色。凡此种种缺点，都让这种土里土气的瓷器在清雅秀润的宋瓷界不配拥有"姓名"。

听上去这个小小的窑口真是很可怜，不过，吉州窑完全不需要我们同情，它在瓷器江湖上闯荡了几百年，不仅活得有滋有味，还在历史上留下了不朽的声名。

这一切，全是因为它炼成了一项独门"绝技"。

这种绝技还要从它的身世说起。

吉州窑创烧于晚唐，但一直默默无闻。北宋年间，一种新的饮茶风尚兴起，吉州窑迎来了它的春天。

一直到晚唐，中国人饮茶都是以煎煮的方式先把茶叶放在水中煮开，再把茶汤盛出来大家分而饮之，到了宋代才开始把茶叶放在茶盏中冲泡。不过在宋代，茶叶并不像今天一样是一片片的，而是先把茶叶研成细末子，再加入香料和淀粉一类的东西制成米膏，以求茶色达到纯白。宋代的斗茶不仅追求茶色纯白，还要斗汤花，也就是茶叶泛起的细小泡沫，如果能长久

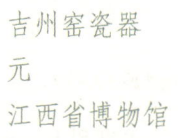

吉州窑瓷器
元
江西省博物馆

（闫建华/FOTOE）

均匀地结在碗沿边上则能获胜。

为了能更好地衬托茶色之白,观察汤花的痕迹,自然以黑釉作为底色是最好了,吉州窑的黑釉也就在此时开始受到青睐。

吉州窑的黑釉并不是单纯只有黑色。釉水中富含金属元素,它们在烧成后颜色会略浅一点,并且泛着微微的金属光泽。金属元素被高温熔融之后会向下流动,也就在器壁上留下了又细又密的长长痕迹,看上去像是柔顺的兔子毛,所以这种特殊釉色花纹的茶盏就被形象地称为兔毫盏。由于意趣天成,兔毫盏在当时被视为珍品,连宋徽宗都专门写诗夸过它。

吉州窑大概也想不到能有这样的风光,所以备受鼓舞的窑工又颇有想象力地有意调制不同的原料施于黑釉表面。在高温当中,这些不同的原料会与釉水中的铁发生反应,形成小小的白斑,这被称为油滴或鹧鸪斑。

还有把黄褐色和黑色两种颜色的釉料随意点洒在表面,烧制过程当中,两种釉水流淌融合,达到玳瑁一样黑褐相间的斑纹,又被称为玳瑁斑。

这些都是吉州窑的发明，出其不意的效果受到了当时人们的追捧，也让吉州窑在宋瓷当中独树一帜，无可替代。

不过，不论是兔毫、油滴还是玳瑁，这都只能算是自然的赏赐，最终形成的效果有很多偶然的成分，人为的设计还有限。但吉州窑有一种异想天开的创造，最大限度地体现了吉州人的创意，足以让他们在历代的能工巧匠当中拥有不朽的声名。

这种发明就是贴花。

吉州窑的贴花工艺分两种：剪纸贴花和木叶贴花。

实在难以揣测当时的工匠们是在什么样的情况下灵

吉州窑玳瑁釉碗
宋
中国国家博物馆

光闪现，才有这样的奇思妙想。当然，那一定是天时、地利、人和缺一不可的产物。

剪纸贴花或许是在贴窗花时得来的灵感。窑工们把剪成各种花样的纸片贴在了黑釉的碗壁上，再罩上一层较浅的褐黄色釉，随即再剥去剪纸，剪纸上的褐黄色釉也就随之被带走，只留下黑色的底釉；待高温烧成后，黑色的贴花在一片褐黄的釉色中显现出来，活泼有趣，还带着粗犷淳朴的民间气息。

剪纸贴花的花样极其丰富，花卉植物、龙凤呈祥等图案是非常受欢迎的样式，数量也多；更有把福、吉等美好的字样贴在碗壁上的创意，以表达对生活直白热切的盼望。

以上这些，都还不算是吉州窑最富意趣的发明，真正称得上吉州窑"神技"的是一种木叶贴花的技艺，光听名字就知道它极具自然的气息。这种茶盏在烧成后内壁上留有木叶的痕迹，"木叶盏"因此得名。

后人无数次地设想过它产生的契机，但终不得其解。

我更相信这是妙手偶得的作品，因为吉州窑向来有

吉州窑贴花凤纹盏
宋
江西省博物馆　　　　　　　　　（尹楠/FOTOE）

这样的传统。当然也有可能是某位幽默的吉州窑工有意为之，甚至想搞点"恶作剧"，结果不经意间烧成了这样集自然灵气的神器。

据记载，木叶盏的制作是把经过药水浸泡只留下叶脉的桑叶贴在盏壁内，再罩以釉水烧成。现代有烧瓷的师傅想要复现木叶盏的工艺，发现直接把新鲜桑叶放在施了黑釉的茶盏里入窑烧制，便可以还原木叶盏的真趣。

所以，我倒是觉得它的诞生全是一种意外。在装窑的过程中,一片桑叶不经意间落到待入窑烧制的盏里。窑工没来得及发现,便让它在窑炉的高温里产生了神奇的反应,叶子化成的灰与釉面相接,于是就永远留下了这样的神来之笔。

从木叶留下的痕迹来看,叶子有的卷着边,有的窝着角,很像是叶片受到高温烘烤时发生的蜷缩。所以我更相信当时的工匠是用新鲜叶子直接放在盏内烧制的。我也相信窑工们不大会劳心费神地精心浸泡洗刷掉叶肉,制作出专门的叶脉来烧制,工艺如此烦琐地精工细琢不仅难得天然意趣,更重要的是如果那样有意为之,木叶盏蕴含的气韵也显得刻意了,这实在不太符合吉州窑不拘小节的气度。

木叶盏中的叶片有单片的,也有几片散放的,有些上面还可以看到虫斑,这才是真正浑然天成的"神器",而种种"瑕疵"却正是木叶盏最动人、最难以复制的韵味。

这样的木叶盏让奉行"禅茶一味"的日本人爱得如痴如醉。

日本在唐代时从中国带去了茶籽、茶器,开始发展

吉州窑黑釉木叶纹碗
北宋
江西省博物馆

吉州窑黑釉木叶纹碗
北宋
纽约大都会艺术博物馆

自己的茶道；尤其到了宋代，发展出独特的草庵茶风，追求天然、朴素、简单，也就是超然脱俗的禅意。而吉州窑这种洒脱不羁、浑然求真的茶器在日本人眼里，也就成了禅意最好的代表，日本人因此尊称这样的黑釉茶盏为"天目"。

二我图

宋

自己和自己的「自拍」

现代摄影术直到十九世纪才被发明出来,在这之前的古人没有照相机,便通过绘画这种方式将想要的图像留存下来。我们现在有各种方便的软件工具,可以随意修改照片,发挥创意;没有 PS 软件的古人为了摆造型、玩"自拍",也是想尽了办法,由此爆发出的想象力甚至令我们现代人都自叹不如。

比如这幅宋画《二我图》,就是一张想象力被发挥到极致的作品。

画家在画面中有意安放了一架屏风,构成了"画中画",更有意思的是还在屏风上挂了一张画像,与画面中坐在榻上的这位文士相貌服饰都一致,他们显然是同一个人,这就又成了自己和自己"同框"的作品。

不得不佩服,宋代的人真是充满奇思妙想。

画面上这位文士正在观书,童子正在为他斟茶,茶盏边是几碟时令果子。好精致的下午茶!

榻边的那一套茶具尤显风雅。这是一个风炉,造型是一座莲台,底座是倒扣的荷叶,叶边还被风吹得向上翻,弯曲起伏;炉托则是一朵仰莲,想来连煮的茶水都带着清香吧。风炉前面的小案上还绘有让人感叹的细节，匣子旁边的那只喝茶的托盏还用了黑纱罩防尘，真是讲究到极点了。对面的案上摆着几摞书和几卷字画，旁边还放着一把琴，可见画家是为了表明这位主人公琴棋书画样样皆通。

在画中主人公对面叠石的花架上一盆花开得正艳，从花形和色彩来看像是牡丹。

这样的生活应该满足了文人理想的极致了，更何况画中这位还有自己的肖像作陪，那感觉一定更好！

这幅画后来被清宫收藏，也不知是在什么样的契机之下被乾隆皇帝看到了，一下子给了"自恋"的他许多灵感。他让宫廷画家照着画了几幅自己和自己同框的作品，只把画面当中的这些茶炉、书画等等道具改成了宫里收藏的古董，主题就成了"鉴古图"。

乾隆皇帝还在画面上题写了诗句："是一是二，不即不离。儒可墨可，何虑何思。"所以，这些画又叫《是一是二图》。

单单看这个名字，实在有点怪，这几句诗读起来也实在是没什么趣味，但诗画结合来看，却显得很有意趣。

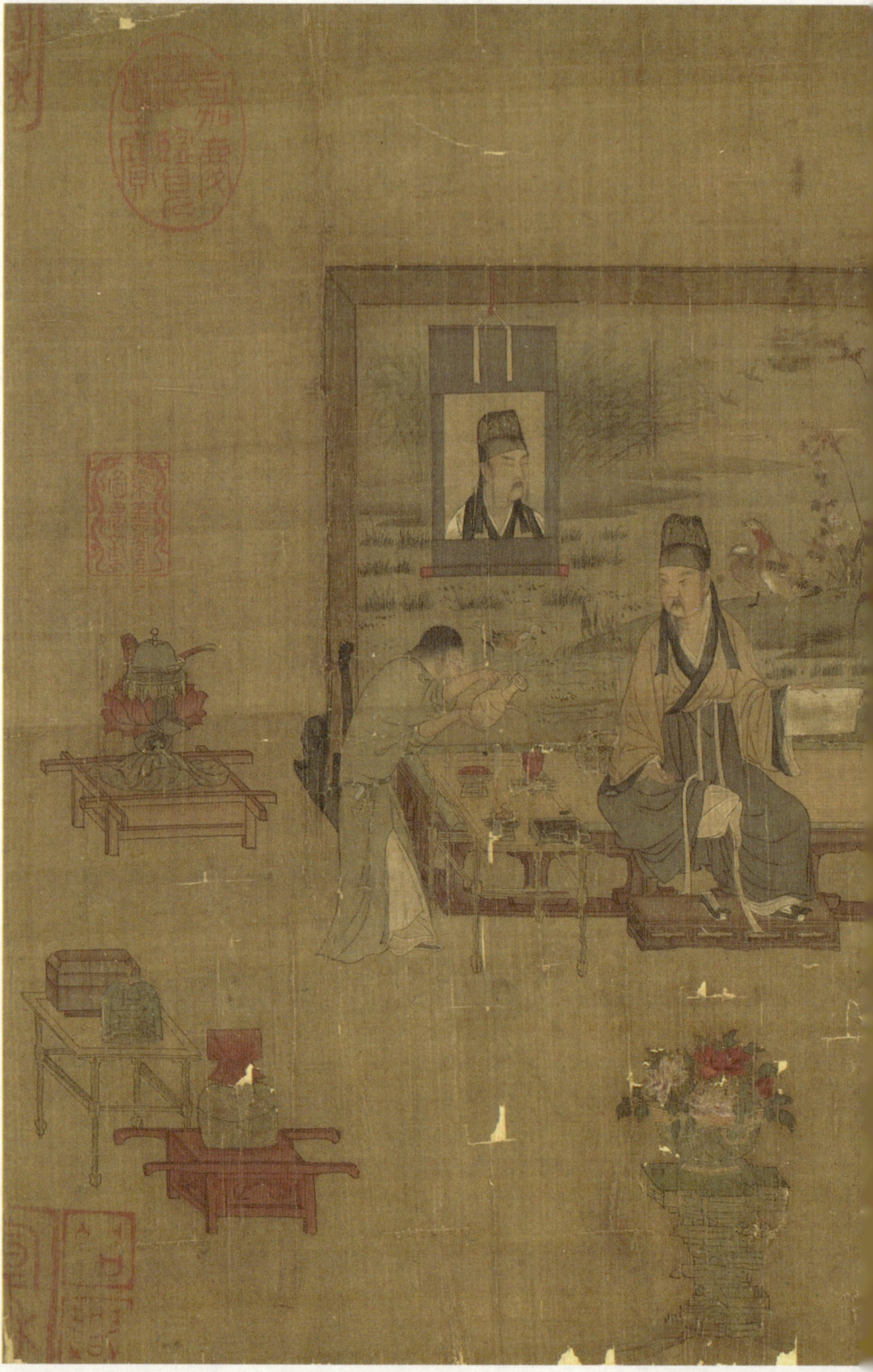

真实的皇帝和他自己的画像"深情对望",一重真实一重影像,也就呼应了"是一是二,不即不离";乾隆帝又有意没有穿龙袍,而是"模仿"汉族文士的打扮,也就对应着他的"儒可墨可"了。

比对宋人这幅画,乾隆的《是一是二图》最大的改动还在周围的那些陈设上,这也是为了突出他自己卓绝的收藏品位和超凡的眼力。由于画家的写实功夫极高,所以这些古董的形状样貌被刻画得清晰逼真,让我们甚至可以找到它们的原型。

画面上比较引人注目的是几件大器物,左面有一件双耳容器,名叫新莽嘉量,是王莽新政时期的重要实

《二我图》
宋
台北故宫博物院

物。正中的圆柱体的上部为斛，下部为斗，左耳为升，右耳上截为合（gě），下截为龠（yuè，相当于半合）。器外有铭文，分别说明各部分的量值及容积计算方法。可别小看了量器，这正是国家统一中央集权的象征。

　　画面右侧与新莽嘉量相对的位置是一个青花蓝查体梵文出戟法轮盖罐，这是佛教徒做道场时用的法器，

也是个极为少见的器物。

嘉量和盖罐前面分别有一张案桌，上面都摆着一个青铜觚和一只透雕的玉璧，觚和璧都是地位很高的礼器，这里同样传达出的是礼制的森严和分明。

右侧的圆桌上满满的是青铜器和玉器，它们也都可以找得到原型。此外，还有一个大的青花抱月瓶，这是乾隆喜爱的器型之一。

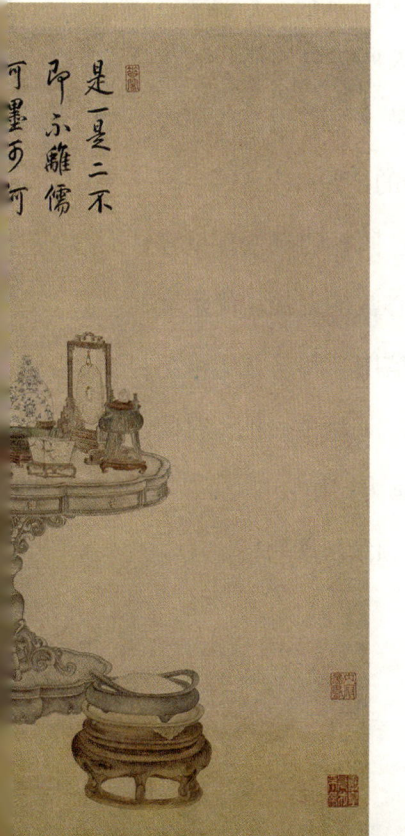

有趣的是地上还放着一座盆景，花盆看上去像是宋代汝窑的水仙盆，乾隆特别喜爱这件器物，还让人在盆底刻上了他的御题诗。

其实还有一类古物我们很容易在欣赏画作的时候忽略了，这就是各种名贵的硬木家具。这些

《是一是二图》
清
北京故宫博物院

家具代表着清代家具的最高水准，也是中国传统家具的代表作。

画中展现的这些家具、玉器、青铜器、瓷器暗示乾隆的收藏门类广泛，只可惜他不能把他收藏的书画一一展现在画面里，只好通过屏风上的山水画略略透露出他的趣味。这屏风中的山水画正是清代"四王"的绘画风格，也是正统的文人山水。

说来有趣，画面上至少出现了四件瓷器，它们要么是青瓷，要么是青花，乾隆帝本人所热衷的那些五色绚烂的奇巧之作，倒是一件也没放上来。当然，那些不算是古物，不合这幅"鉴古图"的主题。

乾隆帝自从发现了这种和自己同框的玩法，就停不下来了，而且还想出了更别出心裁的设计。像意大利画家郎世宁为他画的《平安春信图》和《弘历采芝图》，他就不仅在画中和自己同框，还玩了一把"时间穿越"，让不同年龄阶段的自己在画中"相会"。

不得不佩服，乾隆皇帝真是个顶级玩家啊！

宋

孩儿枕

梦里故事多

因为没有体验过，所以我一直没能明白为什么古人要用这么硬的瓷枕。古人说"久枕瓷枕，能明目益睛，至老可读细书"，大概古人看重的是瓷枕的功效。纵然如此，瓷枕的使用也并不算太多，毕竟，它用着不太舒服。

不过，如果这种瓷枕的样子被设计得格外有趣，大概大家也能忍忍它的不舒服了。

要说有趣，再没有比定窑孩儿枕更有趣的了。

定窑在宋代是五大名窑之一，其他汝、官、哥、钧窑出产的都是青瓷，定窑则是白瓷。所以由定窑来制作这样白白胖胖的小娃娃，真是再合适不过了。

定窑创烧于唐代，位置在现在的河北邢台一带，这里是中国白瓷的发源地。因为与南方的青瓷迥然有异，于是北方这一带也就成为所谓"南青北白"的重要一极。可以想见，当年在一片碧绿青幽的青瓷世界里，这样纯净明朗的白色会是多么的夺目。

到了北宋，定窑瓷器无论是胎体还是釉水都更加精细讲究，于是又被政府选为宫廷用瓷，身价暴涨并渐渐风靡全国。

三彩婴戏莲花长方形枕
宋
洛阳博物馆

即使如此,定窑还是感到压力巨大,想要和当年各有绝招的汝、官、哥、钧窑平起平坐,单靠传统的瓶盘碗盏肯定是不够的,必须端出点"一招鲜"的东西来。

这个一招鲜,正是孩儿枕了。

现在根本无法考证当初是哪个艺高人胆大的窑工突然想到了这个金点子,把瓷枕塑成小娃娃的样子,但我能猜得出来,这粉妆玉琢、鲜嫩可爱的小娃娃刚一出窑就必会引起欢呼。是啊,谁会不喜欢这样可爱的小娃娃呢?

这种孩儿枕一面市就成了抢手货,供不应求。当时的记载说:"南方一时不可得也。"南方纵然名窑众多,功力深厚,但一下子所有的风头都被这来自北方的孩儿枕抢走了。

既然市场需求这么旺盛,不如大家都分得一杯羹吧,南方的吉州窑、景德镇窑也都开始纷纷"山寨"仿制起来。

定窑孩儿枕并不怕这些对手,因为它一直被模仿,却从未被超越。

定窑孩儿枕刻画的不单是小娃娃的外形,而是深得了他们的神髓。

据研究,这种孩儿枕形象的产生和北宋当时的社会习俗有很深的关联。

在宋代,佛教的本土化程度很深,很接地气,所以北宋时期流行一种小孩子的形象,名叫"磨喝乐"。这名字一听就是外来词,它其实是梵文的音译,其实就是佛祖释迦牟尼的儿子"摩侯罗"(这其实也是误译,原本应该是"罗睺罗")。从唐代开始,民间在七夕的时候就会把用土、木、蜡等材料做成的婴孩形象的罗睺罗供奉起来，目的是乞巧和求子。所以也正是在这种风气之下，定窑的窑工们才有了这样的灵光闪现。定窑孩儿枕也很有可能就此借用了罗睺罗的形象，把他塑在了枕头上，让多子多福、吉祥安乐的美好寓意更加日常、更加直接，自然受欢迎。

"磨喝乐"的形象大多是手执荷叶的化生童子形象，当时的小孩子也时常效仿，这也就影响到了孩儿枕的设计，其中有一种就是手持荷叶的童子荷叶枕。

定窑孩儿枕
宋
台北故宫博物院

孩儿枕除了含有佛教的信仰，更饱含人们世俗的美好祈愿。像莲花和童子这样寓意着瓜瓞绵绵、连生贵子的题材，本来就是中国传统的吉祥题材，更何况古人对于子嗣繁衍何等重视。有了这样寄意吉祥的枕头，他们便是在梦中，也可以祈盼得子了吧。

嗯，其实无论是什么样的寄意和祈盼，在这样的孩儿枕上入梦，梦一定都是香甜美满的。

宋

南海一号

被唤醒的古代沉船里藏着多少宝藏?

提到海底沉船，你也许会联想到探险、寻宝、揭秘的惊险场景，这也一向是小说和电影偏爱的题材。可惜现实中的海底沉船故事就远没有这么精彩了，它们关联着的大多只有人员的伤亡和财富的消散，怎么看都是悲惨的结局。

不过，当悲剧成为历史，现实当中的人们对于打捞沉船，尤其是传说中的古代沉船还是兴奋期待的。因为被捞起的沉船就像是一个从时间深处打开的宝库，其间藏着的秘密和惊喜，常常超出人们的想象。

历史上著名的沉船不少，它们大多因为装载的货物价值不菲而闻名，所以打捞这些沉船算是回报相当丰厚的好买卖，人们也就更加期待了。

中国海外贸易历史久远，运输装载的货物数量和品质都极为可观，因海上运输途中发生意外而造成的海底宝船自然也不少。只不过沉船在海里的准确位置很难找到，即使发现了沉船也还要经过一系列的水下勘察确证工作，确定沉船的准确信息和打捞价值，进行科学探测并制订完善的打捞方案，最后才能动工。这个过程费时费钱，最后能够获得什么程度的成功，甚至还是未知数。

由于技术和条件的限制，一般很难做到整船打捞。古代的船体大多为木质结构，经过海水长期浸泡经受不住起吊、出水的剧烈折腾，如果沉船的位置离岸太远，打捞的难度更会成倍增加。

凡此种种的不利，让真正能够整体出水的沉船少之又少，所以每艘都珍贵无比。为了更好地保护如此打捞不易的沉船，通常各国都会专门建造一座博物馆，让更多的人通过沉船了解其中蕴含的巨大历史文化价值。

在广东省阳江市的广东海上丝绸之路博物馆，也就是"南海一号"博物馆里，停放的就是这样一艘堪称中国最著名的沉船。

"南海一号"是一艘南宋沉船，也是我国目前发现的体量最大、保存最完好的宋代商贸船。据估测，"南海一号"长30.4米、宽9.8米，不算桅杆的船身高约4米，排水量达600吨。在八百年前的茫茫大海上，这样的宝船就是超级巨无霸式的存在！

宋代时的海上贸易已经相当繁荣，中国与东南亚各

"南海一号"发掘遗址

国以及印度洋、红海、波斯湾沿岸各国间的贸易也已经非常成熟。这种商贸互动频繁的前提是造船技术和航海技术的成熟与飞跃。

正得益于坚实的材料和科学的构造,"南海一号"才能安安稳稳地在海底沉睡了八百年,又经历了数年清淤、装载、起吊等一系列操作,出水之时仍然保持着相当完好挺拔的姿态。

它是南宋造船技术最佳的实证,妥妥的高科技!

即便只有这一艘宝船,便已经足够震惊世人。"南海一号"载重将近800吨,当年沉到海底的时候,据估算装着接近200吨货物,这满满一船的宝物将是何等惊人的价值,早已超出我们普通人的想象力了!

"南海一号"于1987年8月被意外发现,经过二十年的调查和考古工作,一直到2007年12月,它才被整体打捞出水重见天日,住进了就近在阳江修建的博物馆内。

此后,考古发掘和清理工作便在室内全面展开,迄今仍然在继续。

据考证,考古人员推算"南海一号"上装载的货物有六万到八万件,其中最多的就是陶瓷,这也正好印证了"海上丝绸之路"实际上是瓷器之路的说法。

"南海一号"上的瓷器样式丰富,因为是供出口外销的产品,所以除了传统的中国瓷器样式外,还有一些阿拉伯风格的器物,如军持、六棱壶等。瓷器的产地也

满满的货舱里是当年人们对财富的期盼。

龙泉窑系的瓷器
南宋
广东海上丝绸之路博物馆

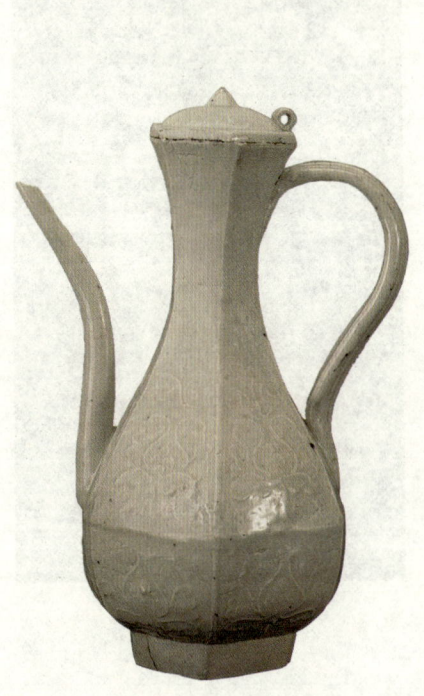

青白釉注子
南宋
中国国家博物馆

很丰富，有泉州一带的磁灶窑、福建的德化窑、浙江的龙泉窑、江西的景德镇，几乎囊括了南宋当年的著名窑口。

当年的泉州是著名的对外贸易港口，所以邻近地区的货物都会先在此地集中，再装船运往世界各地。只可惜"南海一号"运气不佳，开出去没多久就沉没了，这才为我们留下了当年外贸盛况的吉光片羽。

船货中除了瓷器，还有大量的金属，包括金属器物、货币、首饰等等。金属器物的材质丰富，金、银、铜、铁、锡、铅、锌等主要金属一应俱全。金属原材料和器物一直都是古代海外贸易中的重要货物，它们也是很好的压舱物。

铜钱的数量不少，出土约达一万五千枚，还有少量的金、银货币，比如银铤、金叶，这当然是用于大宗商品的交易了。至于那些制作精美的金首饰，无论走到哪里，应该都是最珍贵又最引人注目的奢侈品了。

实在是不幸，这么满满一船货物和钱币在当年要是平安抵达目的地，再满载而归，不知又能带回多少海外的珍宝和巨额的财富。

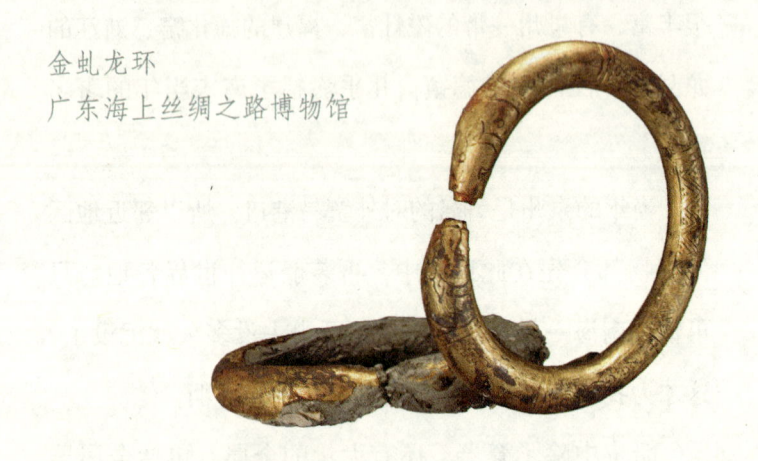

金虬龙环
广东海上丝绸之路博物馆

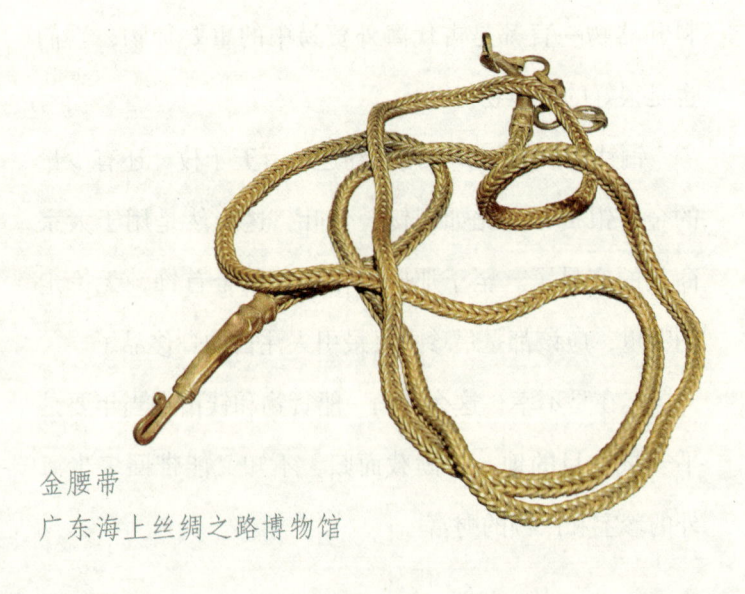

金腰带
广东海上丝绸之路博物馆

像这样的一次远洋航行常常历时数月，所以除了货物，船上还必须储备大量补给。除了粮食和淡水，还必须带着补充维生素的水果蔬菜、补充微量元素的坚果，还要豢养牲畜以获得蛋白质。不得不佩服古人完备科学的"营养观"。

这些食物只有船靠岸后才能得到补充，所以每一次都必须带足、带够。

从船上发现的果核来看，船员们的食物很是丰富。粮食主要是稻谷，水果有梅子、槟榔、橄榄、枣、滇刺枣、酸枣核、葡萄、荔枝；坚果有栗子、银杏、香榧子、松子；还发现了花椒籽、胡椒籽，大概是调味品。

一旦上了船，除了航海和进食，还有空闲时间需要打发。在船上还发现了砚台，至于笔、墨和纸应该早就被海水泡得无影无踪了。

货物、补给都配备齐了，但还有一样东西必不可少。对于这些在滔天的风浪里来来去去的人，平安是他们最为看重的事。所以他们还带着小型的观音像，保佑他们一路平安。

想来他们是在风平浪静的日子里起航的，可是风云

玉石观音像
这是海员们的护身符

难测，船舱里发现了一些遗骸，经 DNA 分析其中还有外国人，这些长眠海底的异乡人啊，他们可怜的家人终究没有等到他们归去的那一天。

由于在海底沉睡了太久，"南海一号"已经适应了海中的环境，所以打捞起来的整船现在仍然被安置在和当年沉船环境相似的水下。从船上发掘出的货物也要在经过科学精细的去霉、脱盐、脱水、加固、定型、封护等处理后，才能得到更好的清理和保护。

"南海一号"的出水是全球第一次古代沉船整体打

捞，其间显现的也是中国高度发展的水下考古技术。

有了技术和资金的支持，和当时中国进行海外贸易的沉船也陆续被唤醒，重新惊艳亮相。

自从开始海外贸易，沉船事件便如影随形。沉没于印尼海域的阿拉伯沉船"黑石号"上，唐代的长沙窑、巩县窑熠熠生辉；时间上承接"南海一号"的"华光礁一号"在西沙现身，堪称宋元之际出口瓷器的种类大全；到了明代，青花瓷的一抹幽蓝在"南澳一号"上暗暗闪现；而福建发现的"碗礁一号"上，则展现了康熙瓷器的盛世华光。

还有远在瑞典的著名商船"哥德堡号"，曾三次远航到广州，最后一次归航于1745年9月，就在离港口不到一公里时，这艘装载着大约700吨清代瓷器和茶叶的商船莫名触礁沉没。

当时紧急打捞上来的货物经过拍卖，除了支付成本，还足足获得14%的利润。据估计，如果这批货物完好到港，价值将达2.7亿瑞典银币。

在人类的远洋商贸史上沉船事件屡有发生，不知还有多少珍宝财富长眠在海底，等待重见天日的那一天。

就说离我们最近的东南亚海域吧,迄今发现的古代沉船粗略估计有两百余艘,但实际数量应该远不止于此。

你是不是已跃跃欲试了?

嗯,海底沉船实在是个让人浮想联翩的话题,了解得越多,越按捺不住内心的激情。

就此打住吧。

或者,心动不如行动。

走!

秋庭婴戏图

元

古代的小朋友都玩些什么?

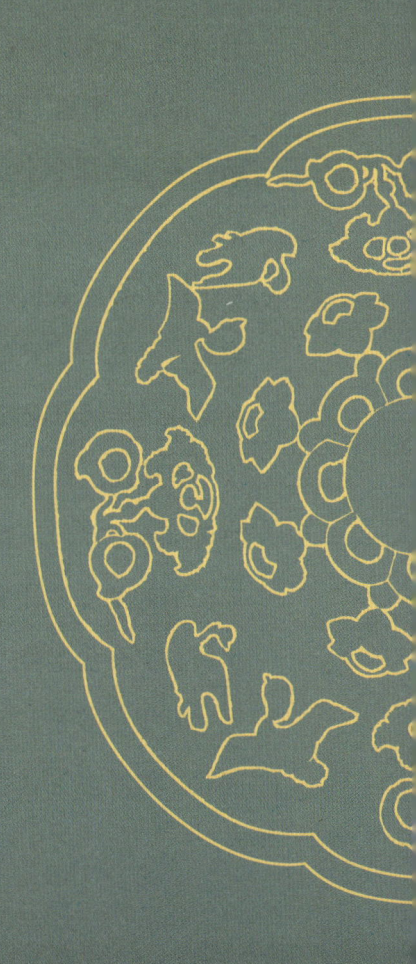

说起儿童玩具,现在最受欢迎的估计是手机(虽然它并不是玩具),再往下排,广受喜爱的还有乐高、机器人、玩偶娃娃等。虽然现代玩具种类众多,但相比于古代仍然显得有点千篇一律。让我们看看宋画当中的玩具,就知道古代的玩具有多么千奇百怪了。

在玩乐方面,人们从来都不缺乏想象力,孩子们更是如此,就地取材是他们的拿手好戏。

你看,宋画《秋庭婴戏图》里面的姐姐和弟弟正聚精会神玩的那个小东西,就是用最普通的材料制作出的精巧玩具。

这个小玩意儿名叫"枣磨",是古代的孩子们就地取材,用秋天成熟的枣制作的玩具。据资料表明,这种游戏最早就出现在宋代。

看外观,枣磨的制作很简单,只需要三颗枣和几根竹篾就制成了:一颗枣下面用三根短小的竹篾插进去形成稳固的支架让枣站稳;上面再削去一半果肉露出枣核,枣核尖上架一根长一些的竹篾,篾两端分别插上一颗枣;孩子们就推着让它们转圈圈,比谁转的时间长、圈数多谁就获胜。这个玩具看着简陋,但在当

苏汉臣《秋庭婴戏图》
北宋
台北故宫博物院

时极受孩子们欢迎,不仅因为材料容易获得,更因为它很有技术含量,它考验的其实是平衡技巧啊!

孩子们身后的鼓墩上还有不少玩具:小陀螺、玳瑁小盘子、红色佛塔、棋盒,最高级的是一个转轮,转轮上的转针两端是两个骑马的人偶,它们是配合那条纸画来玩的。

鼓墩旁还躺着一对小铙钹,这是宋代的小朋友们最喜欢的乐器之一。

画面上有菊花、木芙蓉以及这种"推枣磨"的时令游戏,都点明了时间是秋天。

从姐弟俩的装束、环境布置和家具来看,画面表现的应该是富贵家庭甚至是皇家的孩子们。画面上除了枣磨以外,其他玩具都相当精致,但这对姐弟还是偏对这最"接地气"的游戏情有独钟,也能够看出枣磨在当时对孩子们巨大的吸引力。

还有比这对姐弟更会玩的孩子们。

南宋刘松年的《傀儡婴戏图》上,四个孩子正"组队"表演傀儡戏呢!

这真是个"草台班子":在放倒的桌子上绑几

根竹竿，撑起帷布就成了戏台，放倒的凳子就成了最好的鼓架。虽然布置比较简陋，但道具其实很精致，连围挡上都画着细致的水墨山水画。孩子们的分工也相当明确，一个孩子负责提线操作，三个孩子担当"乐师"。

这一出傀儡戏看上去情节应该比较丰富，被提着的那个髭须偾张、容貌粗犷的主角像是张飞，他穿着文官的袍子，再加上架子上还挂着一男一女和一个军士的傀儡，看上去像是张飞在断案的故事。在南宋，三国戏在民间是很流行的。

可能故事太精彩，所以几位"乐师"一边"工作"一边回过头来看表演，其中一位太过专注，不觉放下了乐器，用手指和故事的主人公开始"互动"了。

这幅画上同样是一派富贵气息。

不过，在宋代，并不是只有富家子弟才能拥有玩具。南宋物质丰富、商业发达，市民文化兴起，加上民众相对比较富庶，所以平民的孩子们也有许多玩具可以挑选。

一位名叫李嵩的画家，便以货郎为题材画过许多风

刘松年《傀儡婴戏图》
南宋
台北故宫博物院

俗画，让我们看到了更多更接地气的玩具。

宋代开始有了"玩具"一词，并且成为商品，在当时繁华的都市有成熟的玩具市场，也有许多走街串巷贩卖玩具的货郎。这也正是此时货郎图、婴戏图大量产生的原因。

这些货郎总是把担子装得满满当当，货物常常数以百计，他们一边走街串巷一边叫卖吆喝，引得孩子们争相围观。

李嵩的《货郎图》上，表现的就是孩子们听到叫卖声，拉着妈妈一起出来买玩具的情形。

这件作品是画在扇面上的，尺寸不大，但是货郎担上的商品已经让人目不暇接了，大部分是竹木、陶土、绢布制作的小玩具，包括鸟笼、竹篓、小花篮、小笊篱、竹笛、竹箫、竹蛇、小灯笼、风车、风筝、小旗、小鼓、泥娃娃、小炉灶、小壶、小罐、小瓶、小碗、香包、小绢人、小铃铛、面具、拨浪鼓等等，更多的是现在已经绝迹，我们也无从辨认的玩具，它们把六层货担塞得满满当当。当时还有一种特别的玻璃音响玩具，用嘴吹气时底部抖动会发出"扑扑"声，被称为"扑扑噔",现在还时常能在庙会上见得到。

在货担上还站着两只驯化后的小鸟,当然这是更加高级的"玩具"了。

画面分为左右两部分,左边是性急的孩子们,他们早已拉着妈妈围在货郎担边,手足并用地翻看着货担

李嵩《货郎图》
南宋
北京故宫博物院

上的好东西；右边则是跑得慢了些的孩子，他们拉着妈妈急急地往这里赶，生怕来晚了货郎就挑着他的宝贝离开了。

他们的热情连小狗都感受到了，也跟在后面欢蹦乱跳地往这边赶来。

唯一"冷静"的是画面最右边那个提着大葫芦的孩子，他大概是出门帮父亲买酒，不能停留太久，手上也没有多余的钱，只能含着指头露出羡慕的神情，一

步三回头地向人群外走。还有一对应该是小兄弟,哥哥一手抓着包子啃,一手拉着弟弟离开货郎,弟弟还在拼命挣扎,显得极不情愿。

画面的边角处画了一些草和树,看上去是郊外或者乡村的场景,画面上的孩子和妇人也都是再普通不过的农家打扮,由此可以想象城里的街市上又该是何等繁荣的景象。

小小的货郎担里,挑着的是整个南宋的风物繁华。

这些作品都是宫廷画家的作品,但画面却如此生动写实,活泼浓郁的生活气息扑面而来,可见画家对生活的体验之深,当然也体现了皇家趣味对市民文化的接纳。这样的题材,在南宋达到了最高峰。

不过,据研究,南宋之所以涌现出这么多婴戏图,除了社会繁荣和审美趣味以外,还有一个令人伤心的原因,由于在当时婴儿的死亡率特别高,所以人们也就想借这些婴戏图以祈求多子多福。

鹊华秋色图

元

画里的乡愁

在中国台北故宫博物院里，收藏了众多山水画传世精品，但其中元代画家赵孟頫的一幅设色山水《鹊华秋色图》却显得格外与众不同。

这幅作品画面本身就极有意趣。两座山把画面分为左右相对的两部分。左边的山势很平缓，像是一块大面包，名为鹊山；右边的山双峰并立，呈尖利的三角锥状，名为华不注山，这正是画名"鹊华"二字的来历了。

至于秋色，画中一望即见。草木最知秋意，有的树叶已经尽落，有的已经被秋霜染红，水边细瘦飘摇的正是秋草芦荻。画面采用平远构图，远景是无尽的秋水连波，颇让人感到几分寒意。

农家还没有完全闲下来，如果你仔细找找，穿插在画面中的水面上，总是有渔人出没，他们还要趁着河面没有封冻，撒下最后的网。

远处是一片屋舍，屋内还有人在活动，屋前的院子里有牛羊在悠闲地活动。

再细看，鹊山下那一户人家还种了一棵柿子树，枝头结满了黄灿灿的柿子。好一派农家风光。

画面的色彩很丰富，花青、石青用来画山峰和绿树，红、黄、赭则用来染出坡石、树干和霜林，让画面既有秋的萧瑟又充满农家生活的暖意。

故乡，正应该是这样的气息吧。

这件作品画的也正是一个人的故乡——画家赵孟𫖯的好友周密的故乡。

周密祖籍山东济南，但他却出生于江南，早在金兵南下北宋灭亡之时，他的曾祖便携家带口逃至吴兴。周密自出生便从未踏上济南的土地，但他从未忘记过齐鲁大地上的那个故乡。

赵孟𫖯与周密交好，便多次向周密详细描述济南的景色和风物，这却让周密的乡愁更加浓郁。

为了宽慰朋友的乡愁，赵孟𫖯索性为他细细画下了济南的秋色，鹊山和华不注山，正是济南郊区最有代表性的景致。

画面上有五段题字，从左往右数的第二段，是赵孟𫖯记下的这一段创作的缘起和经过。

现在大家看到的这幅《鹊华秋色图》上，除了赵孟𫖯自己写的这段题跋，其他都是乾隆所题的赏画感悟和

赵孟頫《鹊华秋色图》

元

台北故宫博物院

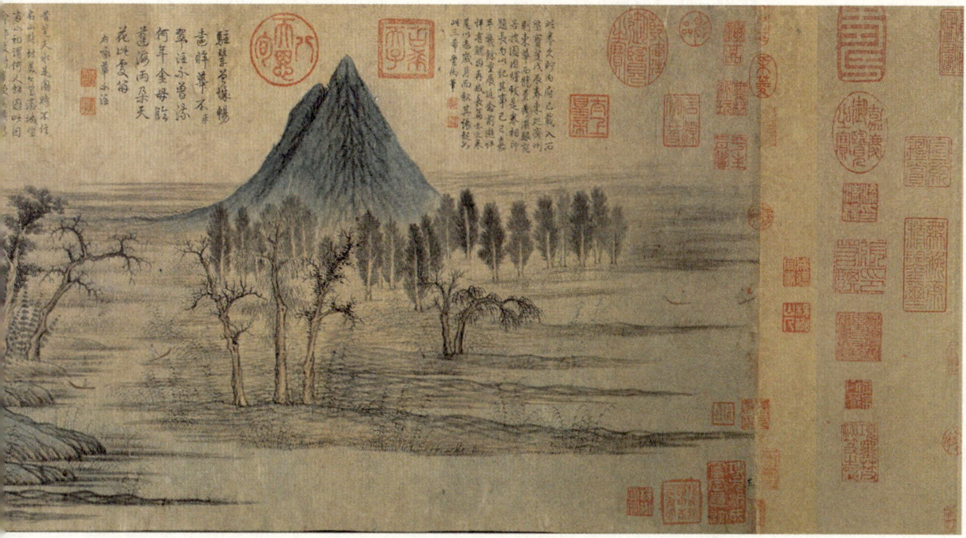

打油诗，还有画面上那些无处不在、见缝插针的印章，也差不多全是乾隆留下的印迹，完全破坏了画面原本营造出的寂寞乡愁与凄清氛围。真不知道赵孟頫如果看到了会作何感想。

说到这幅画的特殊，我们还应该来认识一下它的创作者赵孟頫。他姓赵，如果你有一定的历史知识，还能充分发挥想象力的话，应该能猜到他是宋代的宗室。

元朝是由蒙古贵族确立的政权，在对待汉族士大夫的政策上有拉拢、利用，也有排挤、打压，但对汉族文化并没有严格的控制。在这样的社会历史环境下，赵孟頫想洁身自好不愿与元政权交往，但他的名望太高，在天下文人士子当中太有榜样作用，所以想躲都躲不掉，被逼无奈之下，只得屈就当了官僚。结果这就成了赵孟頫一生被人攻击甚至身后还无法洗去的污点，攻击他的人认为他丧失了气节、奴颜媚骨。

赵孟頫的出仕实在出于百般无奈，出仕之后竭尽所能护佑百姓，他其后的一生当中还时常写诗作文表达心中的悔恨。但人们并不因此原谅，甚至连同他的字和画，都被攻击他的人定性为"变节事敌，猥琐无骨"。其实从艺术水准上说，赵孟頫的书画在技艺上称得上登峰造极、自成一格，艺术史上少有能望其项背者。

但是，他毕竟当了元的官僚，算是大节有亏，这也给他的一生带来痛楚！

所以，赵孟頫的一生纠结又哀伤，他也就因此能够更深切地体悟和理解周密的乡愁。

他画北国济南的风物，难道不是在画他心中的故国吗？他也是南宋遗民啊，遗民泪尽胡尘里，他的泪，没有少流，他的体会，比谁都透彻。

这幅画和台北故宫的许多其他藏品一样，都是在1949年初被匆匆带到了海峡另一边，转眼已七十余年了，这幅抚慰乡愁的作品，自己大概也心生乡愁了吧？

没来由地，那个最能写乡愁的诗人余光中的诗句，此刻像是从悠远的地方传来：

小时候，
乡愁是一枚小小的邮票，
我在这头，

母亲在那头。

长大后,
乡愁是一张窄窄的船票,
我在这头,
新娘在那头。

后来啊,
乡愁是一方矮矮的坟墓,
我在外头,
母亲在里头。

而现在,
乡愁是一湾浅浅的海峡,
我在这头,
大陆在那头。

元

富春山居图

一张画，两段情

在西方艺术史上，最著名的作品往往也拥有最离奇的故事，比如《蒙娜丽莎》；相比起来，中国的书画故事就要少得多，也平淡得多了。

不过《富春山居图》是个例外。

《富春山居图》是一幅长超过六米的山水长卷，山水画本身是没什么传奇可以探寻的，它的传奇色彩全在画外。

不过，还是让我们平复一下好奇心，先从画面本身开始吧。

作品所展现的是浙江富春江一带的景色，这一带的风光在历史上极负盛名。天山一色，水清见底，加上夹岸高峰里有泉水激石，有鸟兽欢歌，不仅有美景而且有奇趣，所以在文学家的笔下，富春山水是"天下独绝"。

从画面上看，文学家的评价比较中肯。

江南没有高峻陡峭的山，也没有荒凉嶙峋的山，所以画面上绵延横亘、温润舒缓的群山秀岭赋予这一带特别的气质，山间的树木长得极为繁茂，山林间还夹杂着亭台屋宇。

画面的山体纯用墨线一条条拖出来，显得清空明净，这种画法被称为"长披麻皴"，就像是长长的麻线披伏其间，这是画家运用得最为出神入化的技巧；山间林木则晕染着相对比较湿润的墨点，像是刚被雨水清洗过一样，显现出一片烟雨江南的秀润。

画面上留白的地方全用来表现水，所以水面比山要更加阔大。

这是富春江的水，据说千丈见底，游鱼细石清晰可见。画上倒看不见这样的细节，但却能让人感觉到格外平静，似乎那水只在拍打到山脚的时候才泛起浅浅的涟漪。

画家又添加了若干柳叶轻舟，它们一律静静地停在水面上；舟上有渔者垂钓，动作那样悠然，或许已经睡着了，倒更显得时光静止岁月悠长了。

画面上虽然不乏人迹，却并没有世俗烟火气，全然一片世外桃源！画家黄公望在晚年便正在这一带隐居，这也正是此画名为"富春山居"的由来了。

黄公望是元代著名的画家，一生不入朝廷做官，浪迹山川，行踪不定，连生命终结于何时何地都无人知

黄公望《富春山居图》
元
台北故宫博物院

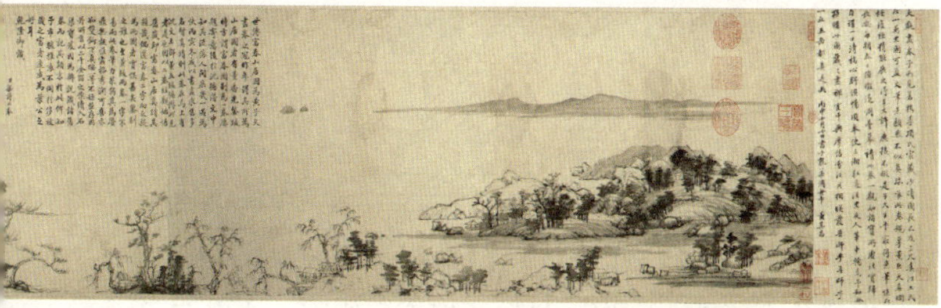

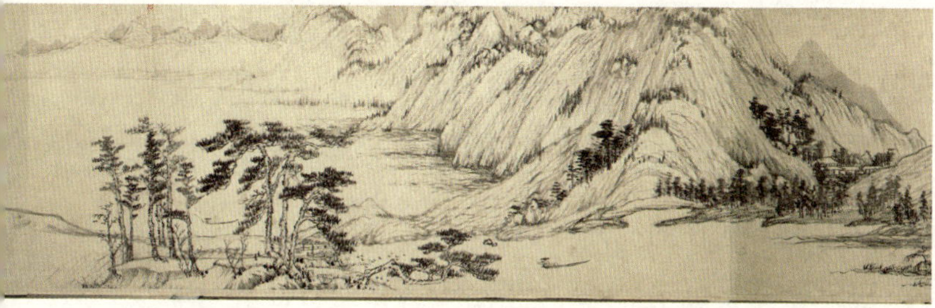

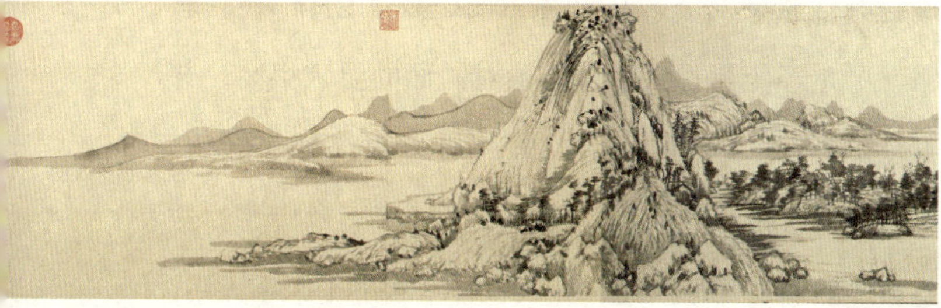

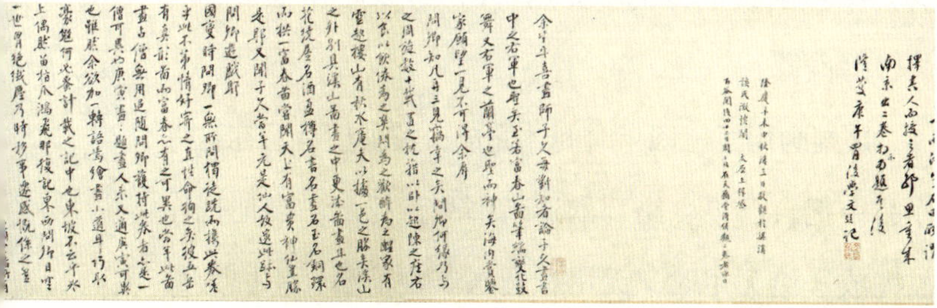

晓。他在晚年加入了全真教，出没于富春江一带。

据说他活了八十五岁，最后竟然不知所踪，所以这一带流行的说法是他最后得道升仙了。我印象里，他就是一位拥有老神仙气质的画家。

这仙气在画中无处不在。山水浑厚、草木华滋，这不正该是神仙居住的地方吗？

黄公望一生勤于笔墨，常年在背囊中携带纸笔，每每遇有佳景便对景写生积累素材，要是创作一幅画，那就更是经年累月了。黄公望对画面的要求很高，并不轻易动笔，看这幅六米多的长卷也就可想而知了。

在画这幅画的时候，黄公望已经年近八十了，这是为他的朋友郑樗所绘，此人也是全真道士，字无用，黄公望在画跋上称他"无用师"，所以此作也被称为"无用师卷"。

这幅画用了三四年时间才完成，黄公望有意在这件作品中把自己平生全部的造诣都和盘托出。当他把作品完成送给无用时，无用看到画非常惶恐，不因为别的，正因为画得太好，他知道这样不世出的杰作，必定会成为世人觊觎的宝物。

无用果然料中了世人的贪念。这幅画在诞生后的岁月里，便被裹挟进了无穷无尽的历险，遍观了贪欲、权谋、自私、虚妄等等人世阴暗，最后竟然还能历经灾难劫后余生，不得不说运气当真不错。

时间的脚步很快，元末明初改朝换代，经历好大一场大乱，此画几经易手后在明代成化年间，遇到了大文人沈周。

沈周是明代最著名的"吴门画派"的开创者，诗、书、画无一不精。

如获至宝的沈周于是召开了"鉴宝大会"，请同好都来看画题跋。这不是显摆炫耀，而是古人风雅的传统，正所谓独乐不如众乐。

结果有朋友相当不厚道，拿去题字后就再也不还给沈周了。

沈周是个宅心仁厚的人，脸皮又薄，他问过一次未果之后就不好意思再去逼问，于是只能自认倒霉，痛失所爱。那人之所以敢这样胡来，也是吃准了他的好脾气。

这朋友太可恶，自己留着玩赏就罢了，结果他转手就将画卖了高价,结果沈周在市面上看到了却买不起。没办法,沈周只能回来一边叹气一边背临了一幅《富春山居图》聊以自慰。沈周的这幅"山寨"《富春山居图》也成了山水杰作,现在收藏在北京故宫博物院。

一转眼时间到明末清初,这幅画也不知过了多少藏家,最后辗转到了宜兴收藏家吴洪裕手中。

吴洪裕对这幅画也珍爱至极,据说他在清军入关逃难时,连万贯家产都不顾了,只随身带了这幅画和另一幅书法作品。

顺治七年(1650年),风烛残年的吴洪裕在弥留之际也没忘了它,但他的想法很令人匪夷所思,竟然提出要焚画殉葬!

同样都对画爱得如痴如醉,但沈周和吴洪裕的格调和方式却高下立判。吴洪裕的爱说到底,也不过是私心的占有而已。

众目睽睽之下,画被丢入火中点燃了。《富春山居图》在劫难逃。

幸亏画被卷得很紧,从外面要烧到最里面的部分还需要一点时间。就这一点时间,就成了生死的一线。

这是起首部分，上面可以看到烧过的几个大洞。

老天垂怜，不忍让人间痛失至宝。

吴洪裕的侄子吴静庵灵机一动，拿了另一幅画扔到火中，偷梁换柱抢救出至宝。虽然画起首的部分已经烧出几个大洞，画面断成一大一小两段，但主体部分却没有受到太大的破坏。

哎呀，万幸！

这幅残卷也同样颠沛流离。也不知道是从什么时候起，几个版本的《富春山居图》齐现江湖，当时的拥有者都宣称自己收藏的才是真迹。

结果有一幅运气特别好,它入宫了,成了乾隆皇帝的至爱。

皇帝也不知哪来的自信,他一眼就认定自己眼前的这一幅定是黄公望的真迹无疑。而且漫长的岁月里,他从来没有怀疑过它的来路和身世,确实,这样精彩的笔墨,是皇帝信心的保证。

河清海晏,盛世升平,才能得览天下至宝,乾隆对此画激赏不已,随身携带,只要一有空便拿出来观摩,还在画上不断题赞钤印。幸亏黄公望的水面画得大,留白多,让乾隆过足了瘾。

可怕的是这位皇帝的瘾太大了,到了最后,连画面中山上无皴的地方都被题了字,实在是无处下笔了,他就在画卷最前端题了一句"以后展玩亦不复题识矣",听起来还颇遗憾!

大概谁也没有料到,好事竟然真的成双。第二年,又一幅《富春山居图》也入宫了,这新来的一幅似乎气质还要更超脱些,技法也似乎还要好些,这就尴尬了!

乾隆一口咬定后来的这一幅是赝品,大概是不好意

思承认自己先前看走了眼。这后来的一幅便被锁进了仓库成了弃儿。

剩下的故事不用我揭秘了,这件真迹被错当赝品,静静地在仓库里落了一层灰。

要我说,这倒是老天的第二次垂怜。要不然,免不了被乾隆又是诗又是印地把画面弄得一片狼藉。你看,现在画面多干净清爽啊。

截取两段相同的部位比较一下吧,上面是"无用师卷",下面是"子明卷",你能看出功力的高下吗?

这一晃又是两百年的岁月。日寇入侵，文物南迁，尘封在库房里的画才又出现在世人眼前。此时，一真一假两件作品又让人很是迷惑了一阵。

经过现代学者的认真比对考证，为两幅画重新验明正身，此时断定的结果，与乾隆的判断恰好对调了，那一件题满字的被判为赝品，后称为"子明卷"；而这件真迹被称为"无用师卷"，皆因为题跋上有"子明"和"无用师"的字样。

其实，大家或许忘了，这幅画当时被烧成两段，乾隆看到的都是完整的长卷，至于那一小段去了哪里，要找起来就困难了。

老天竟然再次发了神威。

这也是在抗战期间，近代大画家、大收藏家吴湖帆无意之中竟然收到了一张画。起先他并不知道这是谁画的，画的是哪里的山水，只是画面精彩的笔墨让他觉得极为不凡。后来《富春山居图》辨别真伪的事情声势很大，社会上都知道了，他突然灵光一闪，又经过仔细比对，认定自己收得的51厘米长的作品，正是那件至宝起首烧断的小半段。

黄公望《剩山图》
元
浙江省博物馆

　　后来，这小半段被称为《剩山图》。

　　吴湖帆人称"鉴定一只眼"，也就是只用瞄一眼就知真假，这次识别《剩山图》也成了他一生鉴藏的点睛之笔。

　　画前的八个篆体题识"山川浑厚草木华滋"正是吴湖帆所题。

　　现在，卷首有四个大字"富春一角"，比起我们常将此作称为《剩山图》，要显得雅致有趣得多。富春一角,一语双关,既说此画,又说此景。

到了 1956 年,此画被吴湖帆卖与浙江省博物馆,成了这里的镇馆之宝。

可以说是天赐良机让《富春山居图》再成完璧,但这个美好的愿望却成了遥遥无望的期待。因为无用师卷和子明卷一起,被带到了台湾岛上。

我想,两段画,都在企盼自己的"兄弟"能够有机会再见的。

2011 年,它们终于等到了这一天。同年 5 月,《剩山图》跨过海峡来到台北故宫。

终于圆满了!

虽然圆满来得既晚,且短。

相见后又是漫长的分离,时光仍然在等待,等待它们真正的重聚。

斗彩鸡缸杯

明

杯在手里，情在心里

烧瓷工匠都知道，烧制一件恢宏磅礴的大器很困难，但要烧出玲珑精巧的小物件，也绝非易事。实际上就拍卖价格而言，许多小物件成交价格甚至比大器还要高。

尤其是明代成化年间研发烧成的斗彩压手杯，精巧得不盈一握，却成为瓷器史上难得的珍品。

中国瓷器的历史悠久漫长，汉代的原始青瓷已经颇为可观，所以青瓷一统天下的局面持续了很久，我们最称道的宋瓷便几乎全是青瓷。

彩瓷的烧造更加困难，出现也比较晚，直到明代才呈现出绚烂完备的景象。

明代烧造一次成型的釉下彩瓷技术已经很成熟了，比如红蓝交织的青花釉里红瓷器，已经基本上达到了一次烧成的高温彩瓷的极致。

由于许多彩料经不起高温烧制，每一种呈色的温度也不完全一致，所以想要一次性烧成五彩斑斓的彩瓷是不可能的，于是明代便创造性发明了二次烧成的技术。

成化年间成熟的斗彩工艺，代表了明代彩瓷艺术的最高水准。

斗彩是先用釉下青花勾勒轮廓，入窑高温烧成以后再用彩料在图案内填色，并再次入窑以低温烧制，因此很好地保持了色彩的鲜亮和丰富。

烧成后的瓷器彩料和青花相映成趣，争美斗妍，所以便称为"斗彩"，或者"逗彩"，光看这名字就能够感受到活泼的生趣。

既然大家有心一斗，那就各显神通吧，鲜红、油红、鹅黄、杏黄、蜜蜡黄、姜黄、水绿、叶绿、山绿、松石绿、孔雀绿、孔雀蓝、姹紫、赭紫、葡萄紫……当真热闹非常。

当然这么多颜色并不会都被堆砌在一件器物上，通常一件器物只用上三五种，便已经是无比的鲜艳娇美了。成化斗彩瓷器上常见的图案也情趣盎然，最著名的是一种高约寸许的鸡缸杯。

杯的外壁上被湖石和花卉兰草分隔成两组画面，一组是公鸡爸爸昂首挺胸神情傲然，一组则是母鸡妈妈带着小鸡啄食玩耍，尽显家庭的温暖和情趣。

中国传统瓷器尤其是御用瓷器的图案纹饰大多一本正经地表现堂皇霸气，像这种展现天真自然的人间情

唤醒古代沉船

斗彩鸡缸杯
明
台北故宫博物院

趣的器物，实在是不多见。

成化斗彩的器物不以庄严隆重取胜，尺寸通常都极为精致小巧。瓷器界有个俗话叫作"成化无大器"，说的便是成化器物的尺寸都很小。

如此精巧玲珑的小物件为何会在成化年间大行其道呢？这也许和成化皇帝朱见深的个人经历有丝缕联系。曹操曾经评价过汉献帝"生于深宫之中，长于妇人之手"，其实幼年的成化皇帝遭遇也差不多。

正统十四年，也就是1449年，明英宗朱祁镇罔顾敌人实力，执意亲征北方的强敌瓦剌，临行前匆匆把朱见深定为太子。果不其然，英宗不仅没能凯旋班师，还被瓦剌俘虏，几乎命丧北地。

国不能一日无主，于是英宗的弟弟被推为皇帝，是为代宗。虽然江山仍然姓朱，但毕竟叔父不是父亲，朱见深便被请下了太子宝座，囚禁在深宫里，只有年长他十七岁的宫女万氏服侍着这个不谙世事的幼童。

不要说什么权势荣华都成为往日云烟，此刻能保全性命已经是万幸。

后来，英宗被瓦剌送回，等英宗再发动"夺门之变"，重登大位的时候，已经又过去了七年。可这七年里，这对被分别囚禁在深宫的前朝皇帝父子，没有哪一日不需要涉过漫天凶险，才能迎接明天的太阳。

这样的恓惶岁月成了朱见深成长的背景，所以这个年幼记事起便在惊恐中度日的人即便后来当了皇帝，他君临天下的时候，内心也仍然是不安的。

他于是不喜欢那些朗阔、硕大的器物，他喜欢把这小小的杯子紧紧地压在手心里，这样方才生出一种尽在掌控的踏实感。

这些器物不仅体形小，而且大多装饰着小鸡啄食、婴孩嬉戏、蝶舞翩跹等散发出人间烟火气的图案，连"大明成化年制"的底款书法里也透出一股纯朴的稚拙气。大概这个从未体验过纯真和快乐的皇帝，想要尽他的努力，去想象和挽留那来不及品味的童年吧。

明

汉宫春晓图

宫廷女子的日常生活

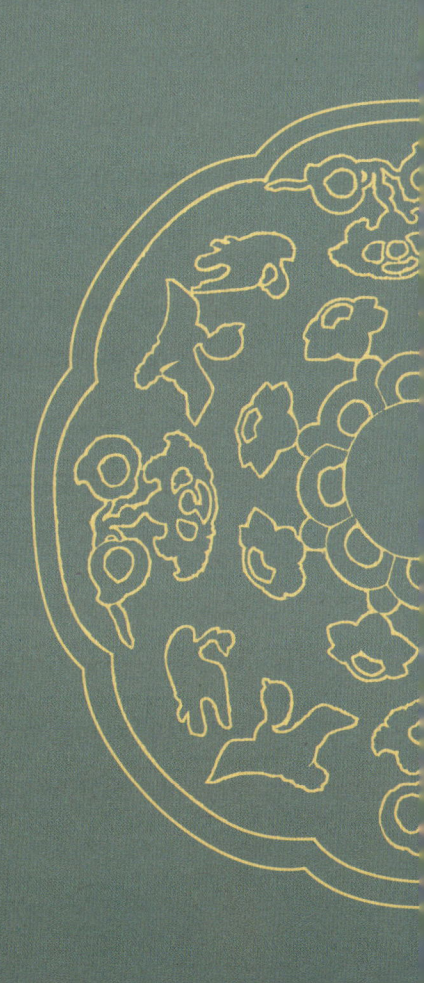

古代的宫廷生活总是留给现代人丰富的想象空间，也创作出不少关于古代皇家生活的影视作品，但真实的古代宫廷生活真的像电视里演的那样吗？

其实，古代的宫廷生活是很丰富的，尤其是阳光明媚的春日里可以进行的游乐活动更多。你看，这幅《汉宫春晓图》里的后妃们游玩得相当投入，气氛欢乐祥和。

这幅长近六米的长卷就对后宫佳丽的风雅生活进行了一场全面的展现。

画面中共有一百一十余个人物形象，其中女性九十多位，她们是画面绝对的主角。虽然画面头尾的高墙把她们的活动范围限定在了这不大的庭院里，但她们的想象力却似乎反而被充分调动起来，在庭院各处三五成群，各自找寻着自己的欢乐。

大略一看，便能发现她们的活动异常丰富。起首处是一位仕女带着三个孩童凭栏观水，水面上还有白鹇掠过，孩童手中似乎还拿着食物正在逗引；接下来两只孔雀成功地吸引了一位仕女给它们投食。一块假山石和一棵开满白花的树成为庭院里重要的景致，假山石下是一丛正在绽放的牡丹，几个宫女正抱着水瓶浇灌，旁边则有一位披着红帛的仕女正攀着树枝采花，身边立着一个手捧金盘的侍女，或许是在等着她摘下繁花去送给姐妹们簪戴吧。你看树根处站着的两位女子正在簪花，她们身后的室内还有一位女子正在对镜梳妆呢。

左边的一间庭轩里就热闹多了，丝竹管弦舞婆娑，实在是和煦的春光最清雅曼妙的景致了。

可想而知，要在这样的场合技惊四座一定是很不容易的，所以有人正在偷偷"补课"。你看画面深处有两位女子侧卧在地，从她们身边的那张琴来猜测，她们大约正在看琴谱，似乎正憋着劲想要研究出一点"秘技"来。

有人想在琴艺上力拔头筹，有人却想在花草上斗败群芳。阶下的空地上围坐着一群女子，手中拿着花草，身边还放着一大堆，这便是在玩"斗草"游戏了。这种游戏早在春秋时期就已经盛行，规则也很简单，谁找到的花草种类多，谁就获胜。斗草是一种在端午前后风行的时令游戏，画面上绿柳成荫繁花遍地的春意

仇英《汉宫春晓图》
明
台北故宫博物院

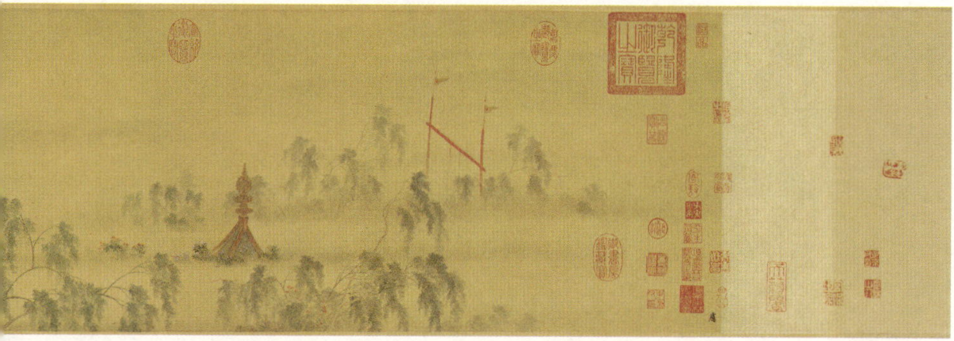

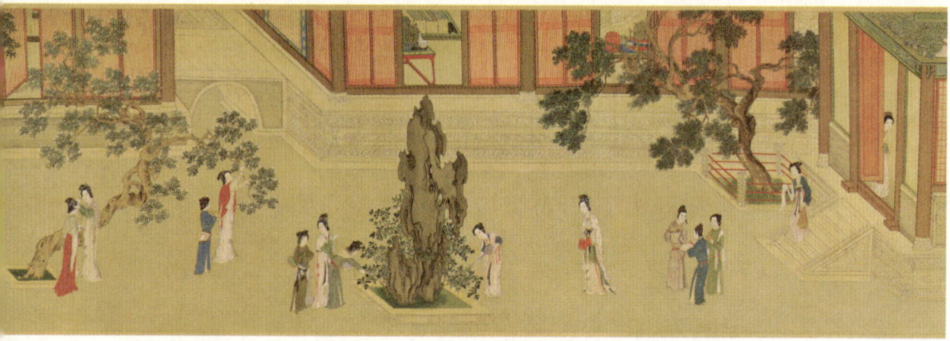

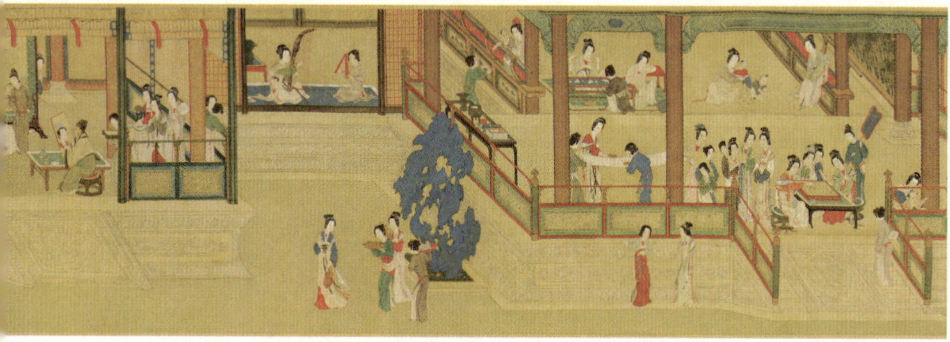

经过斗草的烘托，也更显浓郁了。

大部分仕女集中在画面的后半段，弈棋、赏画吸引了一批，熨练、刺绣又吸引了一批，剩下的就都集中在末尾的画阁里了。

这里端坐着一位后妃，从她的装束和仪仗来看，整个画面上她的地位似乎最高，所以被一众仕女簇拥着由画工为她画像。有人认为这是在表现当年汉宫里画师毛延寿为王昭君画像的典故，为的是点明画题"汉宫"。

要真仔细考究，这幅画确实很有"问题"，因为不论是人物的服饰发型还是亭台建筑，都几乎没什么汉代设计，全然就是明代宫廷仕女的嬉游场景。更准确地说，画面中表现的全是画家虚构的后宫场景，因为仇英并没有机会真正进入后宫据实记录。

不过，这丝毫不影响这件作品的艺术水准。

中国传统的人物故事画并不强调"知识准确"，而是更注重"借古喻今"。所以假托一个古代的背景演绎当代的事情本来就是一个惯例，所以把"汉宫"修成明代建筑，里面的人穿明代的衣服，完全不算是仇英

"缺乏常识"。

中国的人物故事画这一绘画门类其实在宋代就开始慢慢没落了，山水画逐渐抢了风头。所以在当时能够驾驭这样的作品，达到这样的丰富和精细程度的画家并不多，仇英正是其中的佼佼者。

画面上人物众多，但他们的姿势容貌和穿着打扮都各有分别，每一组人物之间都互相呼应。即使是散落在画面各处的一两个人物形象，也都灵动活现。比如画面最末尾处的那位身着红衣白裙正举着扇子扑蝶的仕女，画家把她的目光牢牢地锁定在蝴蝶身上。

至于花草树木、楼台石阶、衣着首饰上的细节更是令人惊叹——几乎所有的花草树木都极具写实性，让人可以明白地分辨它们的品种，而建筑构件、家具上也一律雕缋满眼，尤其是汉白玉的丹陛和须弥座上更是极尽耐心地表现着浮雕。女性无一不是遍身绮罗、珠翠满头；更见功力的是这些女性无论是什么发式，满头青丝都通过多次的点染被画出了蓬松感。

画面虽然绚烂华美，但其间人物的等级却极为分明。贵妇们穿着抹胸长裙，胸前系着丝带结，腰间佩着挂饰；服装的色彩更加明丽、纹饰更繁复，首饰也极为华美璀璨。至于身后还有女官持"掌扇"的，那地位自然更高了。

话说仇英并没有见过后宫生活，要绘制这件长卷必然就要找一些参考"范本"。如果你熟悉中国古代的人物故事画，尤其是唐宋之际的绘画，你大概也能从中找到一些"原型"，比如熨练的一组人物近似唐代张萱的《捣练图》，奏乐和跳舞的形象则与五代顾闳中的《韩熙载夜宴图》中相似。

这可不是画家故意要去"抄袭"古代的作品，只不过仇英在早年经过多年极其刻苦的临摹训练，从古画当中汲取笔法意韵，这些杰作自然是他临摹的对象，所以这些形象他早已烂熟于心，等到他自己创作的时候也才能信手拈来，融入自己的风格与思想，也就形成了他自己的绘画元素。

说起来，这种近距离临摹古画的机会实属难得，仇英因为天赋过人，于是被邀请至一位名叫项元汴的大收藏家家中观赏临摹古画，其中还包括临摹了一卷《清明上河图》。后来，仇英画技越来越精湛，于是项元汴也就委托他为自己创作了许多作品，这幅《汉宫春晓图》便是其中极为重要也极为昂贵的一幅。因为项元汴特意在最后靠近画轴的地方写了一列字"子孙永保，值价贰佰金"。

看这一列字，实在是让人觉得有失风雅、大煞风景。不过，要知道项元汴其实是以经商发的家，所以他的商人本色即使是在收藏艺术品的时候，也不加掩饰地显露了出来。

据记载，项元汴凡购买书画，价格如果很高他便会十分懊悔，以至于茶饭不食。现在我们可以看到他收藏过的许多书画上，都直愣愣地题写着"原价××两"的字样；想必他每次展玩这些画作时，心里都会盘算一番这个收购是不是桩好买卖。

还真是个耿直的俗人！

不过，虽然"铜臭味"十足，但在书画收藏领域，项元汴确实是位巨眼行家。他不仅会在画上"记录"原价，还常会为作品"估价"。除了这幅《汉宫春晓图》，项元汴收藏的许多其他作品上也经常会题着"其值××金"，这应该也是出于商人本性。

或许项元汴早已预见自己驾鹤西去之后，子孙未必能像他一样珍爱这些珍藏。那么，既然不能阻止这些珍藏被变卖，也只好尽力提供一点专业意见，给出一个合适的指导价格，免得子孙后代吃大亏罢了。

当然，这些作品流转至今已经不知易了多少手，每一次易手，价格也不知会翻多少倍。

项元汴当然没办法想到那么远的事，他要是知道了，怕更是要气得魂魄不安了。

清

核舟

小果核上的大乾坤

有一句很有意思的俗话，比喻在极其狭小局促的地方做出宏大热闹的场面，叫作"螺蛳壳里做道场"，这句话用来形容微雕就太贴切了。

微雕在中国的历史相当长，如果范围不限于"艺术创作"，那么早在商代的甲骨当中便已经出现了雕刻极为细微的文字和符号；到了战国秦汉时期，不过指甲盖大小的印玺上所刻的印文不仅能分出朱文、白文，还有些动物形的印纽更是小如豆芥，却神情盎然，这确实算得上是精彩的微雕作品了。

后来，微雕技术的实用性功能逐渐降低，更多地被用来制作工艺品进行炫技，清代时，清宫造办处就有专门制作微雕的工匠。至于雕刻的材料，从早期的象牙、玉石、竹子、果核，到后来别出心裁的一粒米、一根头发都被雕出了花样，就更让人感叹工匠们的神乎其技了。

由于这些微雕工艺品形体太小，不太适合展示围观，也不容易收藏保存，所以真正有缘得见这些神作的人其实并不多，大家了解它们，更多的是通过各种宣传再加上自己的想象。

历史上最著名的一件微雕作品，正因为有了明代著名散文家魏学洢的一篇《核舟记》而声名远扬，直到今天仍然让大家津津乐道，意欲一睹为快。

根据文章的描述，这是明代工匠王叔远用细长的桃核雕刻的小船，船上载着夜游赤壁的苏东坡和他的友人。核舟上除了各具神采的五位人物，还有舟楫、茶炉、茶壶等器具，并且还篆刻着各种对联、题名共三十四个字。最令人难忘的是小船不仅配有船篷，还有雕栏和雕窗，窗共八扇，竟然还可以随意开合。

一只小小的桃核竟然包含着这样的乾坤，实在是值得大书特书，让它永载史册。不过，实在是很可惜，这只核舟只能活在文章里，现实当中它早已经不见了踪影。

好在这篇《核舟记》对这件作品的细节一一描写得相当清楚，为它留下了详细的数据，也就为后世的能工巧匠在复制的时候提供了可靠的依据。不仅如此，经过这篇文章的宣传，"东坡夜游赤壁"也成为微雕常用的题材，其中有一件，便几乎再现了《核舟记》中描述的风采。

关于这枚"山寨版"核舟的诞生，还有一个故事。

话说魏学洢的这篇《核舟记》被清代人张潮编进了一本名为《虞初新志》的书中，这本书被一位特别的读者看到，和我们一样，他也对《核舟记》一见倾心。

于是，这位读者便将此文遍示宫廷的工艺师，问谁能制作这样的巧物。

你可能猜到了，这位特别的读者就是乾隆皇帝。

在他统治时期，宫廷里网罗着当时海内最出色的巧匠，许多传统工艺的制作达到巅峰。此时的宫廷里，恰有一位名叫陈祖章的广东巧匠擅长牙雕，于是自告奋勇地接下了这个任务。他甚至雄心勃勃地表示自己还能更胜一筹。

很幸运，这枚应乾隆要求而作的核舟被一直保存在宫廷里，得以流传下来。

陈祖章选用了橄榄核作为材料，这种两头尖中间鼓的形状天生就像一只小船。船上共八位人物形象，陈祖章实在是微雕圣手，竟然把这八位的动作和神情都表现得各不相同。我们一眼就能辨认出其中那位倚窗独坐的苏学士，宽袍大袖、头戴巾帽正是他的"标准

陈祖章刻核舟

清

台北故宫博物院

不同的角度看看舟上的人

形象",这种高筒短檐的帽子据说是他发明的,名为"东坡帽"。苏东坡稍稍仰着头,仿佛正遥望月小山高,陶醉于徐徐清风。

坐在对面窗边的应该是苏门四学士之一的黄庭坚,他的左手抬到胸前,像是在构思,又像是在沉吟。他身后不知是谁正趴在船舷上,深深地低着头,像是在欣赏水中的月色。不过,看上去他又像是体力不支、睡意蒙眬的样子,大概是因为满船文人都意兴正浓,他实在不好意思,只能努力支起身体,以免打起呼噜来煞风景吧。

船头有三个人，一位长须老者敞着衣衫挽着裤腿，坐姿也显得相当放任随意，他身边有两位童子正在炉子边煎茶。根据《核舟记》上的描绘来看，他大概是东坡的好友佛印和尚，你看他的样子，正是"袒胸露乳，矫首昂视……卧右膝，诎右臂支船，而竖其左膝，左臂挂念珠倚之"。

不过，《核舟记》上说苏东坡、黄庭坚和佛印和尚都坐在船头，显然陈祖章没有完全根据文章进行复原，而是加入了自己的创作，并且人物也增加到了八个。至于原文当中精巧的器具、可以开合的窗子，这件新作里也完全得以实现。

比起原作上共刻的三十四个字，新作上几乎翻了十倍，陈祖章把整篇《后赤壁赋》都刻在了船底，加上落款一共三百多个字，这是实实在在的压倒性优势了。

这枚新的核舟高 1.6 厘米，长 3.4 厘米，比起那件"长不盈寸"的原作可能要稍稍大一些。

新核舟所用的橄榄核是广东的特产，名为乌榄，它的果核致密坚硬，几百年来都是核雕的优质材料。

清

广珐琅

由进口到出口的奢侈品

说到珐琅，大家或许比较陌生，但提到另一个名字"景泰蓝"，你一定会感到熟悉备至了。景泰蓝也被视为我国重要的传统工艺，早已列入国家级非物质文化遗产保护名录。

不过，景泰蓝可是个实实在在的外来物。

景泰蓝学名叫"铜胎掐丝珐琅"。珐琅是一种硅酸盐类物质，经过烧制后色彩明艳泛着玉石微光。十三世纪也就是元代中期，蒙古远征西亚时带回了工匠和烧造原料，由于珐琅质地致密还能防止金属生锈，所以这种新奇的器物很快就受到贵族的喜爱。到了明代景泰年间，珐琅器在中国的烧造技术达到了极高的水准，并由宫廷开始一直盛行到民间，加上它的色彩又以蓝色为主，大家也就索性简称其为"景泰蓝"了。

到了清代，清宫造办处设立了专门的珐琅作，专门烧制御用器物，制作水平再创新高。乾隆皇帝极其喜爱景泰蓝，于是从全国各地征招珐琅匠人入宫为他服务，大到高达数米的佛塔、桌椅、床榻，小到日常使用的花盆、酒具、帐钩、笔管等等，不厌其烦地把宫里一切可能的地方都用上了景泰蓝。

乾隆广珐琅铜胎云龙八宝脸盆
清
广东省博物馆

  景泰蓝只是珐琅器的一种制作方法，还有一种方法就是画珐琅。

  画珐琅也是外来物，这一技艺起源于文艺复兴时期的佛兰德斯地区，也就是现在比利时、荷兰和法国交界的地方。到了十七世纪，法国成为其中画珐琅技术的佼佼者。

  到了清代康熙年间，画珐琅开始传入我国。据考证，在法国皇帝路易十四派来觐见康熙皇帝的使臣们所带的礼物当中就有画珐琅。

  康熙皇帝对这种色彩明丽的工艺品很是喜爱，但苦于没有外国工匠前来效力，于是只得在国内寻找。在当年，广州港是我国进行对外商贸的前沿，这里几乎可以找到所有来自国外的新奇物品和技术，当然也包括会这项技能的工匠。

就这样，康熙的朝廷里有七位从广州远道而来的珐琅工匠，在宫里试烧西洋画珐琅。

画珐琅的技艺与景泰蓝稍有不同。景泰蓝是先用金属丝在铜胎上勾出花样的外轮廓，也就是掐丝，再把珐琅彩料填在其中进行烧制；而画珐琅则省略了掐丝的步骤，直接用颜料在铜胎上绘制。因此制作出的器物画面更加自由，也可以更加精细，但由于少了金属丝作为区隔，颜料之间也就很容易产生相互混杂沉浸的情况。

为了避免这样的"事故"，完成一件画珐琅作品就需要进行多次反复烧制，把彩料烧结，每完成一个局部，尤其是用色细腻的地方后就要先把它烧结以稳定色彩，随后再进行下一个部分的绘制和烧结。如是重复多次，才能保证画面的色彩干净清爽，一件作品烧结数十次也是常有的事，因此也就备加珍贵。

掌握一门新技术并非易事。这些来自广州的工匠悉心研究数年，再加上法国传教士的指点，到了雍正六年，终于让画珐琅彻底本土化了，不仅全面掌握了烧制技术，而且连釉料也在本土开发不必再依赖进口。

对于艺高胆大的工匠们来说，这还只是第一步。他们绝不肯止步于此。很快，他们就创造性地增加了新的色彩，在传世的雍正朝珐琅器物中，同一种器物上的色彩已经可达三十六种之多；在制造技艺上，他们又采用锤揲法制成了锤胎珐琅，先在金属胎体上锤出图案花纹，再在凸出的部分点施珐琅釉料、凹下的部分镀金，制作出的器物更加宝光四溅、金碧辉煌。

这样的宝器自然很快就供不应求，于是乾隆时期，广东海关开始随办珐琅制造，广东民间也就兴起了一股制作的热潮。

所谓广珐琅，也由此开始成名。

广珐琅带着宫廷气质，又具有浓郁的民间气息，器型和纹饰也就格外丰富多样。人物故事、戏剧场景、花卉蔬果、山水花鸟无所不包，还有许多表现寓意吉祥的传统图案和仿古纹饰。由于它还带着西洋的"血

乾隆铜胎广珐琅花卉香盒
清
广东省博物馆

统",所以还常出现西洋人物的图案,并且在画法上也吸纳了西方油画技法中的明暗、透视等方法,显出特有的包容性和中西结合的趣味性。

到了十八世纪,以瓷器为代表的中国商品被大量运到欧洲,受到热情追捧,广珐琅也正是其中之一,它甚至被欧洲人视为中国特色的物品,将其称为"华彩"。

谁也想不到不过短短百余年时间,这种源自欧洲的进口货经过中国工匠的改造和创新,反而成为中国重要的出口商品。由输入、吸纳再到创新、输出的这个过程，体现出中国是何等包容，更是何等自信。

除了出口广珐琅成品，广东地区还接受了大量来自欧洲的订单，生产他们生活当中需要的器物，比如牛奶罐、调味罐、刮胡盆等等，这些在当年的欧洲也是高级定制的奢侈品。

有意思的是，虽然是根据西方人的口味生产的出口商品，但广珐琅上的图案仍然带有浓郁的中国风，即便画面上的主图是西洋人物故事，但边边角角的装饰图案则常常会是中国传统装饰纹样，缠枝花卉、福禄寿喜都不少见。

在中国的传统里，对于吉祥美好的追求一定会想方设法在日常所用的器物上表现出来。

广东省博物馆收藏的这件花卉祝寿八宝双层盒，正是一个绝佳的例子。

盒子分上下两层，上层又分成九个小格子，中间的圆形四周围绕着八个"花瓣"，每个小格正中间是团寿纹，也就是一种被设计成正圆形的异体"寿"字，它们边缘则由翅膀相连的小蝙蝠围成满满一圈。

广珐琅花卉祝寿八宝双层盒
清
广东省博物馆

这是为了呼应盒盖上的纹样。

盒子外观更加辉煌夺目，宝蓝的底子上以金、红、绿作为主色勾绘图案，虽然密不透风，但层次却很分明。正中间是五只蝙蝠围绕着团寿纹，"蝠"谐音"福"，这正是传统的五福捧寿样式，五福分别是"寿、富、康宁、攸好德、考终命"，外围则是缠枝花卉分成的小单元，每个单元里画的是金色的宝器，一共八件，也就是"八宝"，这是佛教里的宝器，分别是法轮、法螺、宝伞、白盖、莲花、宝瓶、金鱼、盘长（吉祥结），自然是佛法无边、灵魂解脱、吉祥长寿等美好的寓意，这正是当时广受喜爱的流行纹样。

清

广州港全景图

外国人眼里的中国风景

说起油画，大家首先会想到的一定是西方绘画，无论如何也不会把油画和中国古代绘画联系在一起，确实，在中国古代美术史中，绝难看到油画的身影。

也许你会想到那位从意大利千里迢迢跑来中国，并在清代宫廷里供职的画家郎世宁。他确实画出了许多"洋味十足"的作品，即便如此，他的画也更多的是将油画的技法融入中国传统绘画当中，这种"中西合璧"和真正的西方油画之间，无论是技法还是趣味，都有着很大的差异。

清代，在一个与人们印象中和艺术不太沾边的地方有一群画师，他们不仅熟练掌握了西洋油画的技法，还画了许多真正意义上的油画，这些油画作品被带到西方，并被西方人收藏。

这个地方就是广州，而这些画，就是著名的"外销画"。

清政府推行"闭关锁国"的政策，1757年，乾隆下令关闭了中国沿海各地所有的通商口岸，只留下广州这个"唯一的出口"，形成了一口通商的局面，这就使得当时中国所有的外贸活动都聚集在广州，这里也

厦门港 　　　　　　　　　　　　　　广州港

澳门港 　　　　　　　　　　　　　　上海港

煜呱《中国的四个港口》
约 1863 年
私人收藏

就成了外销物品的总产地，其中就包括外销的"艺术品"。

既然是外销，当然就要满足外国人的口味，外销的艺术品也就必须以油画为先了。在当年，这些表现广州"金山珠海、天子南库"繁华场景的风景油画，尤其是画中还带着外国人眼里浓郁的中国风情，它们就成了出口西方的热门货，广州一带也因此聚集了一大批技艺高超的画师，专门为西方生产这样的作品。

有需求就会有生产，所以这里土生土长的中国人，便开始想方设法提高自己的油画水平，最后还真的产生了几位画师，他们的技法即使放到当时的欧洲也令人赞许，所以在当年西方的收藏家圈子里也享有一定的知名度。

当然，这也完全得益于广州一口通商的特殊地位。

早在隋唐时期，中国海外贸易就已经相当繁荣，随着历代航海外贸的发展，沿海的宁波、泉州、广州等地逐渐成为举世闻名的大港口，东南沿海的许多城市也因为外贸活动带来一片热闹繁华。到了明代因为郑和下西洋的带动，海上丝路达到了极盛。

现在散见于世界各处拍卖行的外销画

可惜的是由于国土安全和税收等诸多问题交缠，到了明代前期，政府便开始海禁，时断时续一直持续了四十三年。到了清代康熙时期，由于外商多次违反清政府禁令威胁到清政府的税收乃至安全，政府于1757年彻底地关闭了沿海其他口岸，直到1842年被迫开禁。

在明清每一次禁海之时，广州都是唯一被政府留存的对外"窗口"，这种政策上的特殊便利也就使得广州的繁荣成为一种必然。

据研究考证，在鸦片战争之前的两百余年内，外国每年通过购买中国商品而向中国输入的白银高达二百三十六万两，这价值二百三十六万两白银的货物都要先经全国各地运到广州集结，最后在广州起航出海。想象一下，广州港的水面上舳舻相接的拥挤场面该是怎样的繁荣热闹。

当时的大宗商品主要是茶叶、丝绸、瓷器、药材等等，至于外销画，那不过是小之又小的一个品种。

外销画的产生，先经过了一个进口输入的过程，这个过程不仅包括西洋油画作品和印刷品的输入，随之而来的还有西方画家的传艺。

在当年随着西方货船进入中国的白银和货物之外,还有一些油画、印刷品和画师。当油画这种全然有别于传统中国绘画的新奇技艺被广州本土的画师发现并学习之后,中国就此诞生了第一批外销画画家。

最开始的时候,由于远洋的西方水手海员需要有人帮忙画像作为"照片"寄回家乡以报平安,所以广州

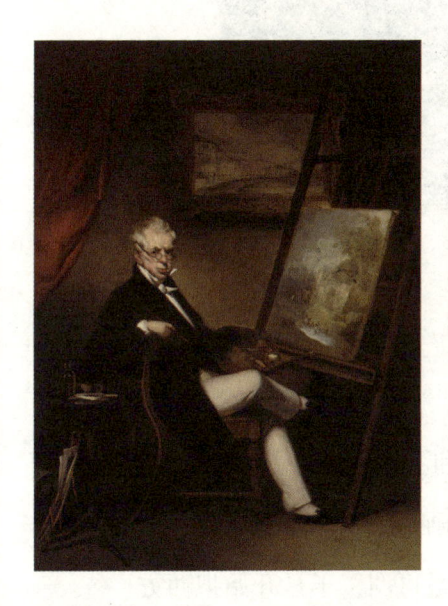

乔治·钱纳利《自画像》
约 1840 年
英国国家肖像美术馆

乔治·钱纳利《伍秉鉴肖像》
私人收藏

关乔昌（林呱）《自画像》
约 1853
美国波士顿皮博迪·埃塞克博物馆

的本土画师以其低廉的价格和不错的技艺受到了青睐。到了后来，有商人发现中国画师的水准越来越高，但画价极为低廉，其中大有利益可图，于是开始把西方的油画订单交由广州的画师绘制，以从中赚到更高的差价。

中国的画师们除了"按样加工",也"发明"了新鲜的样式,那是些包含浓郁中国风情的作品,包括中国人的家庭生活场景、城郭楼台、自然风光、官员仕女等等。这些作品备受西方人喜爱,他们也很乐意掏钱购买这种类似"明信片"一样的作品,于是这样的外销画也就成了一种从中国输入的热门纪念品。

当年在清政府指定的专营外贸生意的场所"广州十三行"中,便有许多这样的画铺,其中不乏高手,形成了自己的品牌和声名。

到了十九世纪二十年代,一位名为乔治·钱纳利的英国画家到澳门定居,他的到来,把中国画师的油画水平大大提升了一个层次。

钱纳利曾追随英国皇家美术学院第一任院长雷诺兹爵士习画,功底相当扎实。从二十八岁起,钱纳利便离开英国旅居东方。他在澳门居住了二十七年,不仅自己画广州、香港、澳门等地的风物人情,还雇了许多中国画工为他加工作品,他的画坊最繁荣的时候学徒弟子多达千人。这些人当中,就产生了后来在中国外销画界最有名气的关乔昌,也就是林呱。

林呱很有天赋,作品很快就自成一格,尤其是他最擅长的肖像画,除了技法纯熟,"可以与同时期的最学院派的美国或英国画家的作品比美",他还能精准地捕捉到中国人发自骨子里的气质,所以他的作品被送到美国参加展览时备受好评,他也成为最早在西方参加画展的中国画家。

由于订单太多,林呱开设了自己的画家作坊,并且招来学徒帮他进行流水线加工,虽然质量并不能保证全部上乘,但因为价格低廉,所以他的画坊开始威胁到老师钱纳利的饭碗。

林呱在当年热闹的十三行中声名大盛,以至于在他离世后,还有子侄冒他的名卖画。

当年十三行中有些名气的画师无一例外都被外国人称作"呱",比如蒲呱、顺呱、亭呱、周呱、煜呱等等。这奇怪的"呱"据考证,一说是来自葡萄牙语"Quadro"的缩写,意思是"图画",大约当年这是画店的外文招牌,让人一看便知此地是专营外销画的;还有一说是"呱"字原本是中国的"官",因为自乾隆朝开始,十三行商人中流行花钱捐官,所以在与外国人打交道的时候，被称为"×官"，而在英文当中，"官"与"呱"的读音都写为"Qua"。由于外销画绝大多数不存于国内，所以等大家在海外发现它们时，早已不知"Qua"的渊源，音译回来的时候便用了这个奇怪的"呱"字。

随着近些年外销画不断从海外回流中国，我们才对这些原本惊艳过西方人的画家和画作有了更多的认识。

甚至这些画作在不经意间记录的画面细节，也为我们回顾清晚期尤其是广州历史提供了丰富又鲜活的资料。

比如这一幅长达两米的《广州港全景图》。

根据画后面的标签残片来看，画家名为"煜呱"。据考证，这位画师水平相当不错，所以在当年的外销画作坊里能排得上号，他的画店名为"怡兴"，在广州和香港都设有分店。制作一件两米长的作品，在当时也不算是小活儿，所以他画得很认真。

《广州港全景图》画面很丰富、很写实，对得起"全景"二字。

它就像相机一样如实记录了当年广州港的全貌，除

广州港全景图
清
广东省博物馆

了多达三百余艘的各色船只以外，还有广州沿岸城区的地标，这都为我们现在按图索骥追忆昔日盛景提供了绝好的线索。

画家的视线向珠江北岸望去，从沙面、十三行商馆

区、海珠炮台直至大沙头附近的东炮台一带,怀圣寺光塔、花塔、镇海楼以及教堂等广州旧城区的标志性建筑,都历历可数。在当年还找不到哪一幅图,对城市的风貌画得如此细致完整。

现在，这些地标性的高塔重楼，仍然屹立在珠江之畔，不过画中那些原本用来镇守国门的炮台，却在西方列强的炮火中被摧毁殆尽。

此画作于1845年，正是第一次鸦片战争之后不久。谁能想到，这样一幅为外国人展现中国美好景致的风景画，在不经意中却成为一段不堪回首的历史见证。

看画面千帆竞秀、商旅穿行，这是何等的热闹和繁华，谁又能想得到此时的中国已经渐渐加速滑向了深渊，往后的数十年处处挨打、民生凋敝，甚至连自己的命运都不能掌控呢。如果我们从这个角度再来审度这幅全景图，便能察觉广州港这种令人震惊甚至咋舌的繁荣似乎显得有些"畸形"。

它的繁荣是以其他港口的凋零为代价的，它的开放背后其实是深重的封闭和沉寂。古老的大清帝国也便在这沉寂当中渐渐委顿了下去，只是因为门关上了，那个离广州数千里之遥的紫禁城自然看不见外面的世界，并不知晓而已。